聞いて覚える話し方

日本語生中継

● 中〜上級編 ●

別　冊

スクリプト
単語表
解答

聞いて覚える話し方

日本語生中継 中〜上級編

―〈別冊〉目　次 ―

第1課 「今、いないんですけど」― 伝言 ―

【聞きとり練習 Ⅰ】

🔊2

① 母親：もしもし、杉田でございます。

山崎：あ、もしもし、山崎ですけど。

母親：ああ、山崎君。

山崎：あの、伸介君いらっしゃいますか。

母親：伸介ね。今、図書館に行ってるんですよ。

山崎：ああ、そうですか。何時頃、帰ってきますか。

母親：そうねえ、5時から塾があるから、その前には一度戻ると思うんだけど。

山崎：ああ、そうですか。

🔊3 母親：あ、図書館から直接、塾に行くかもしれないし、ちょっとわかんないわねえ。

　　　　帰ってきたら、こちらから電話させましょうか。

山崎：あ、いや、あの、じゃ、伝言お願いできますか。

母親：はい、いいですよ。

山崎：**明日のサッカーのことなんですけど、ちょっと用事ができて、行けなくなっちゃった**

　　　んで、

母親：はい。

山崎：**それを、伸介君にお伝えいただけますか。**

母親：はいはい。明日のサッカー、休むって言っとけばいいのね。

山崎：はい。よろしくお願いします。

母親：はあい。

山崎：じゃあ、失礼します。

母親：はい、さようなら。

🔊4

② OL：はい、ヤマト印刷でございます。

会社員：あの、みやこ出版の岸田と申しますが、いつもお世話になっております。

OL：こちらこそ、お世話になっております。

会社員：あの、神崎さんは、いらっしゃいますでしょうか。

OL：神崎ですか。神崎はあいにく、会議中で席を外しているんですが。ご用件は？

会社員：あの、注文していた本の印刷の部数に変更がありましたので、お電話したんですが。

OL：印刷の部数の変更ですか。

会社員：はい。

OL：じゃ、**戻りましたら、神崎に電話かけさせ**ましょうか。

会社員：あ、お願いできますか。

OL：はい。

会社員：えっと、あの、みやこ出版の岸田です。

OL：みやこ出版の岸田様。

会社員：はい。

OL：あの、念のため、電話番号をいただけますでしょうか。

会社員：あ、はい、えっと、029 の 852 の 7765 ですね。

OL：852 の 77 …

会社員：852 の 7765 ですね。

OL：はい、わかりました。じゃ、神崎に伝えときます。

会社員：よろしくお願いします。それでは、失礼いたします。

OL：失礼いたします。

●5

③伊藤：もしもし、仙台大学学生寮です。

沢田：あ、あのう、夜分遅くすみません。305 号の竹下さん、お願いします。

伊藤：はい、ちょっと待ってください。

沢田：はあい。

ーーーーーーー

伊藤：もしもし。

沢田：はあい。もしもし。

伊藤：あの、いないみたいですけど。

沢田：え？　そっすか。まいったなあ。

伊藤：もしかして、沢田か。

沢田：あ、はい …

伊藤：やっぱり。おれ、おれ。伊藤だよ。

沢田：い、伊藤。伊藤かあ。気がつかなかったよ。

伊藤：なんだよ。

沢田：あのさ、あの、ゼミの発表のことで、どうしても今日中に竹下に連絡取りたいんだけどさあ。

伊藤：じゃ、携帯に電話してみたら。

沢田：え、あいつ、携帯もってんの？

伊藤：おお、こないだ、買ったって。電話番号はえっと、090 の…。

沢田：ちょ、ちょ、ちょっと待って。えっと、なに、090 の。

伊藤：090 の 5108 の。

沢田：5108 の。

伊藤：3032。

沢田：3032。オッケー。5108 の 3032 ね。ああ、助かった。ありがと。じゃあね。

伊藤：じゃあな。

●6

④職員：もしもし、山根小学校です。

母親：もしもし、二年二組の木村太一ですけど。

職員：あ、どうも。

母親：いつも息子がお世話になっております。

職員：ああ、いや、こちらこそ、お世話になっております。

母親：**あの、息子が昨夜から熱を出しまして、それで、学校を休ませようと思うんですが、**

職員：ああ、そうですか。

母親：**担任の中村先生にお伝え願えますでしょうか。**

職員：ああ、はい、わかりました。二年二組の木村太一さんですね。

母親：はい。

職員：え、今日、熱で休むと。

母親：はい、よろしくお願いいたします。

職員：はい、わかりました。じゃ、お大事に。

母親：ありがとうございます。ごめんくださいませ。

職員：はい、失礼いたします。

●7

⑤会社員：はい、杉本産業です。

坂田：あ、すみません、経理の坂田お願いします。

会社員：はい？

坂田：あっ、あの、家の者なんですが、いつも妻がお世話になっております。

会社員：あ、いえいえ、こちらこそ。

坂田：坂田はおりますか。

会社員：少々お待ちください。

坂田：すいません。

――――――――

会社員：もしもし。

坂田：はい、もしもし。

会社員：今、ちょっと席を外しているようなんですが。

坂田：あ、そうですか。すぐ戻りますか。

会社員：それが、ちょっとわからないんですが。**あのう、伝言をお伺いしましょうか。**

坂田：あ、じゃ、**戻りましたら、携帯の方にすぐ電話するように言っていただけますか。**

会社員：はい、わかりました。

坂田：よろしくお願いします。じゃ、失礼します。

会社員：失礼します。

●8

⑥中沢：はい、中沢でございます。

小寺：あの、私、中沢先生のゼミをとってる四年の小寺といいますが。

中沢：小寺さん。

小寺：はい、あの、先生、ご在宅ですか。

中沢：ああ、ごめんなさい。まだ帰ってきてないんですよ。もうすぐだと思いますが。

小寺：夕方、先生の研究室に伺ったんですけど、いらっしゃらなくって。

中沢：ええ、いつもでしたらね、もうそろそろ帰る時間なんですけど。

9 小寺：今すぐ、先生に連絡とりたいんです。今日締め切りのレポートが出せなかったんで。そのことで、お話したかったんですけど。

中沢：そうですか。じゃ、**もう少ししてから、もう一度、お電話いただけますか。**

小寺：あの、先生、携帯、お持ちじゃ…。携帯の番号教えていただきたいんですけど。

中沢：あ、でも、携帯の番号は教えないように、と言われてるんですよ。

小寺：ああ、でも、でも、私、急いでるんです。

中沢：そうですね。それじゃね、帰ってきたら、すぐ電話かけるように言いますから、電話番号をね、教えていただけま、（ただいま。）あ、今、帰ってきたようですから、かわりますね。あなた、あなた、学生さんから、お電話。早く早く。

【 聞きとり練習 Ⅱ 】

10
①メッセージ：はい、山下です。ただいま留守にしてまーす。発信音の後に、ご用件をどうぞ。

るみこ：もしもし。るみ子ですけど。恭平、今どこ？ みつはしデパートの前でずっと待ってるんだけど。待ち合わせ3時だったよね。もうすぐ4時だよ。あと30分待つけど、それで来なかったら、もう帰っちゃうからね。この留守電聞いたら、すぐ私の携帯に電話してね。

11
②メッセージ：はい、井上です。ただいま、留守にしています。発信音の後に、お名前とご用件をお願いします。折り返しお電話します。

孝彦：あ、もしもし、孝彦だけど。ちょっと、美佐子のことでさあ、相談したかったんだけど。いや、最近、美佐子、前と違ってなんかそっけないっていうか、冷たいっていうか。お前、なんか知ってるかなと思って、電話したんだけど。帰ってきたら、悪いけど、俺んとこに電話してくれる？ 待ってるから。んじゃあな。

12
③メッセージ：やまざきデリバリー・サービスです。当社の営業時間は、月曜日から金曜日の朝8時から夜8時まででございます。ご用件のある方は、発信音の後にお名前とお電話番号、ご用件をお話しください。

高橋：あ、もしもし。あの、昨日の夕方ね、配達、頼んだんですけどね。昨日も今日もまだ来てないんですよ。伝票番号はね、522の268です。高橋って言います。いったいどうなってるんですか、お宅の会社は。ほんとに。昨日も今

日もね、早く帰って、ずっと待ってんですよ。とにかくね、すぐ連絡もらえます。お願いしますよ。

13

④メッセージ：はい、岡田です。留守にしていまーす。発信音の後に、ご用件をどうぞ。

ゆうこ：もしもし、ゆうこです。ねえねえ、聞こえる、この音？　今、花火見てるんだけど、すっごいきれいだよ。たかしも見たいかなあって思って、電話したの。あとで、写真、メールで送るから見てね。来年は絶対いっしょに行こうね。また後で電話してみるね。バイバーイ。

14

⑤メッセージ：はい、山田です。ただいま留守にしております。発信音の後にご用件をどうぞ。

かおり：もしもし、お母さん。家にいないの。やったよ。合格したよ。ちゃんと私の番号あったよ。じゃあね、今から帰ります。一時間ぐらいかかるかなあ。今日はごちそう、期待してるよ。

15

⑥メッセージ：横田でございます。ただいま、外出しております。発信音の後にお名前とご用件をお話しください。折り返しお電話いたします。

妻：もしもし、お父さん、ああ、いないのかな。あ、今、空港です。チェックインも終わって、今からバリに出発します。おみやげ買ってくるからね。留守中、子供たちをよろしくお願いします。何かあったらホテルに電話してください。じゃあね。

【 ポイントリスニング 】

16

① あの、こちらからもう一度電話いたします。

② あのう、女房が帰ってきたら、そちらに電話をかけさせますんで。

③ 申し訳ありませんが、ご主人様がお帰りになりましたら、こちらまでお電話いただけますでしょうか。

④ あのう、徹は今、外出中なんですけど、こちらから電話させましょうか。

⑤ 今日は留守にしておりますので、明日にでもそちらからもう一度お電話いただけますか。

⑥ あ、また後でかけ直すね。

⑦ 折り返しお電話いただけるとありがたいんですが。

⑧ 高橋が戻りましたら、折り返しお電話するように伝えます。

第2課 「一緒に行ってみない？」— 勧誘 —

【聞きとり練習Ⅰ】

●17

①尚子：もしもし。

恵美：あ、もしもし、恵美だけど。

尚子：あ、恵美。

恵美：あのさ、私、フラワーアレンジメント習ってるって、前、話したよね。

尚子：うん、おもしろいって言ってたよね。

恵美：うん。結構楽しいし、気持ちが落ち着くし、気に入ってるんだけど。

尚子：なんか、あったの？

恵美：いや、たいしたことじゃないかもしんないんだけど、一緒に習っている人たちがね。

尚子：うん。

恵美：なんか、話合わないんだ。同年代の子も多いんだけど。

尚子：そうか。

恵美：それでね、**尚子もいっしょに習ってみない？　いやならいいんだけど。**

尚子：**ううん。陶芸とかだったら、ちょっと考えてみてもいいんだけど。**

恵美：そうかあ。あんまり興味ないだろうなとは思ってたんだけど。

尚子：ごめんね。

　　　あのさ、恵美、習いはじめてまだ2か月ぐらいでしょ？

恵美：うん。

尚子：そのうち話も合うようになるかもしんないし、別の人が習いに来たりするんじゃない？

恵美：うん、そうかな。

尚子：それに、無理して話を合わさなくてもさあ。

恵美：うん、そうだね。別に友達を作りに習いに行っているわけじゃないんだし。

尚子：そうだよ。

恵美：うん。あ、そうそう。この前、話してたチケットのことだけどさあ…。

●18

②福島：あ、森下君。ちょっといい？

森下：あ、はっ、福島さん、何ですか。

福島：あのさ、再来週の日曜日ってなんか予定、入ってる？

部下：再来週の日曜日ですか。ま、確か、特にたいした予定は、たぶん。でもまだはっきりとは…。

福島：ああ、そう。

●19

　　　もし、時間が空いてればだけど、うちの女房がフラメンコしてるって、知ってるよね。

森下：はあ。

福島：その発表会っていうのがさあ、再来週の日曜日で、

森下：日曜日。

福島：**もし興味があれば、奥さんでも誘って、見に来てくれないかなって。**

森下：フラメンコですか。

福島：うん。先生はスペインのプロのダンサーだから、結構本格的でさあ、

森下：ええ。

福島：少なくとも先生の踊りを見るのは価値があると思うんだけど。

森下：ああ、なるほど。

福島：で、お昼の2時、市民ホールでなんだけど。スペインワインのサービスもあるらしいんだ。

森下：あ、そうですか。ワインね。

福島：チケットは1枚2000円なんだけど、

森下：2000円。

福島：ああ、会社の人の分は僕が半分持つから1000円にしとくよ。

森下：はあ。じゃ、**妻に予定、聞いてみますんで、もう少し、待ってもらえませんか。**

福島：いいよ、いいよ。返事はいつでもいいから。

森下：すいません。

福島：よろしくね。

森下：あ、はい。どうも。

🔘20

③竹下：あ、ともちゃん、おはよ。

智子：あ、おはようございます。

竹下：あ、そうだ。ともちゃん、いつ暇？

智子：え？　どうしてですか。

竹下：友達においしい京料理の店、教えてもらったんだけど。

智子：ええ。

竹下：なんか、京料理って、男同士で行くの変だろ。で、**ともちゃんと一緒に行きたいなって思って。**

智子：京料理ですか。あれ？　でも、竹下さん、彼女いませんでした？

🔘21 竹下：あ、あれ。もう昔の話。

智子：そうなんだ。あ、知らなかった。

竹下：それでさ、どうかな？

智子：ううん。**最近、忘年会シーズンですから、けっこういろんな約束が入っちゃってるんで。**

竹下：ああ、そっかあ。いや、俺は、別にいつでもいいからさ。ともちゃんの都合に合わせるし。

智子：そうですか。でも…。

竹下：ああ、じゃ、都合のいいとき教えてくれる？　待ってるから。

智子：あ、はい。じゃ、また、連絡しますね。

●22

④義彦：あ、もしもし。

紀子：あ、義君。

義彦：うん。あの、今さあ、「ホットドック」で、中村たちと飲んでるんだけど、

紀子：あ、そう。

義彦：うん。

紀子：じゃ、あんまり帰り、遅くならないでね。

義彦：いやいや違うんだ。みんながさあ、近くなんだから奥さんも呼べばって、言ってるんだよ。

紀子：え、私が？　今から？

義彦：今から。**出て来れない？**

紀子：ええっ、今から？

義彦：いや、たけし、もう寝てるんだろ？

紀子：そうだけど。もう 10 時よ。

義彦：今日は、お義母さんも家にいるんだから、大丈夫だろ？

紀子：でも、もう化粧も落としちゃったし、お風呂に入っちゃったから、髪の毛も濡れてるし。邪魔くさいから、適当に断っといてよ。

義彦：無理？　来ればいいじゃん。

紀子：子供が熱出したとか、残念だけどとか、言っといてよ。

義彦：ううん。

紀子：**悪いけど、こんな時間に外出るのはいやよ。**わかってればそのつもりしてたんだけど。

義彦：はいはいはい。わかったよ。じゃ、あの、遅くなるかもしんないからね。

紀子：じゃ、飲みすぎないでね。

義彦：はい、わかった。じゃあね。

紀子：うん。

●23

⑤中川：はい、中川です。

ミラー：もしもし。あ、お休みのときにすみません。わたくし、ミラーと申しまして、中央区の国際結婚を考える会の者なんですけど。

中川：はい。

ミラー：あの、失礼ですが、国際結婚なさってるってうかがって、お電話させていただいたんですが。

中川：あ、はい。

ミラー：多分ご経験があると思うんですが、ビザをはじめ、子供の教育とか、いろんな問題があると思うんです。

中川：はあ。

ミラー：それで、わたくしども、国際結婚をしている者同士が、日頃思ってることを気軽に、話し合ったり、問題があるときは助け合ったりする場を作れないだろうかと思って、作ったのが CKK なんです。

中川：はい。

ミラー：C は中央、KK は国際と結婚の頭文字をとって CKK って言うんですけれども。

中川：はあ。

ミラー：集まりは、月１回第３日曜日、午後３時からなんですけど。

中川：はあ。

ミラー：あの、もしご興味がおありでしたら、ぜひ参加していただいて、ご一緒にお話でもできたら、って思うんですが。

中川：あのう、私たち、子供はまだいませんので、子供の教育は問題ありませんし。

ミラー：まだお子さんがいらっしゃらないカップルの方も大勢いらっしゃいますよ。

中川：ああ、そうですか。じゃ、主人と相談してみますので。

ミラー：そうですか。じゃ、またお電話いたします。

中川：はい、どうも。

ミラー：じゃ、ごめんくださいませ。

【 聞き取り練習 Ⅱ 】

🔘24

ナレーション： はい、ビジネスマナーの時間です。今日は、職場の上司から誘われたらどうするか、会社員の方々にインタビューしました。誘われてうれしい上司、うれしくない上司、でも上司だから断れない、いろんな経験があると思います。社会部、林がインタビューしました。

① 林：すみません。ちょっといいですか。

女性：あ、はい。

林：上司に誘われることってよくありますか。

女性：ええ、たまにありますよ。先週も一緒に晩ご飯、食べに行きました。

林：あ、そうですか。上司の誘いって断りにくいですよね。

女性：ええ。でも、それが、あこがれの先輩からのお誘いだったので、内心やったぞって。また、誘ってくれないかなあって、実は思ってるんです。

林：あ、そうなんですか。

🔘25

② 林：すみません。ちょっとお時間よろしいですか。

男性：あ、はい。

林：上司に誘われることってよくありますか。

男性：ああ、しょっちゅうですね。だいたいが仕事の後の一杯なんですが。

林：そんなに頻繁なんですか。

男性：ええ、ひどいときには二日か三日に一回。ぼく、お酒あんまり強い方じゃないんで。それに、妻からも帰りが遅いって文句言われるし。

林：ときには断ったりなさってるんですか。

男性：いや、それがね、上司なので、つきあいの悪いやつだなって言われると、断りづらくって。それで、誘われるといつもしぶしぶついて行くっていうパターンになってしまうんですよねえ。

林：ああ、そうですか。

男性：ええ。

⚫26

③ 林：すみません。ちょっとよろしいですか。

女性：あ、はい。

林：上司に誘われることってよくありますか。

女性：うん、ありますけどね、誘われても子供を迎えに行かなくちゃいけないとかって言うと、けっこうみんなわかってくれて。

林：あ、ご結婚なさっているんですか。

女性：ええ、でも、あんまり断っていると、会社のみんなで飲みに行くときに全然誘われなくなるのもさびしいし。

林：うん、そうですね。じゃ、ときどき飲みに行く。

女性：ええ、気が向いたときだけ。
でも、この間、けっこうしつこく食事に誘ってくる上司がいて、最初は上司だし、丁重に断ってたんですけど、ぜんぜんあきらめてくれなくって。で、しょうがないから、最後は「一緒に行くつもりはありません」って、はっきり言っちゃったんですよ。ま、すっきりしたんだけど、反面、仕事に悪い影響が出ないかって心配なんです。

林：ああ、そうですか。

【 ポイントリスニング 】

⚫27

① 来週の木曜日ですか。午後ならかまいませんが。じゃ、三時ですね。

② えっ、今から？　前もって言ってもらってれば、行けたんだけど。

③ うわあ、おもしろそう。やってみたいなあ。でも、土曜日なんだよね。土曜日か。ちょっときびしいなあ。

④ ううん、やってみたいのはやまやまなんだけど。もうちょっと、考えさせてくれる？

⑤ 今は予定が立たないので、後で連絡させてもらってもかまわないでしょうか。

⑥ その日以外ならオッケーなんだけど。

⑦ ええ、よろこんで。じゃ、連絡お待ちしてます。

⑧ 悪いけど、他の人、誘ってもらえないかなあ。

第3課 「これ、使わせてもらってもいいかなって」― 許可 ―

【 聞きとり練習 Ⅰ 】

🔵28

①弟：あ、兄貴。

　兄：なんだ。

　弟：明日車使う？

　兄：別に。

　弟：じゃ、車借りるよ。

　兄：何でだよ。お前、自分の持ってんだろ。

　弟：デートなんだって。

　兄：お前のデートに、なんで俺が車貸さなきゃなんねえんだよ。

　弟：こないだ車、ちょっと壁にこすっちゃって。で、傷、ついちゃってさ。

　兄：あほ。

　弟：ドアンとこもちょっとへこんでいるし、かっこ悪くって。

　兄：で？

　弟：で、**兄貴の車、使わせてもらってもいいかなあって。**

　兄：**やだよ。お前の運転、あらいから。よく事故るし。**

　弟：明日だけだからさ、頼むよ。ちゃんと洗って返すから。

　兄：しかたねえなあ。じゃ、ガソリンも満タンにして、返せよ。

　弟：ああ。わかってるって。

🔵29

②部下：あの、課長。折り入ってお話があるんですが、お時間よろしいでしょうか。

　課長：ああ、じゃ、10分ぐらいならいいですよ。

　部下：あの、ちょっと場所を変えてお話しさせていただいてもよろしいですか。

　課長：なんだい、改まって。

　――――――――

　課長：で、どうしたの。

　部下：あの、妻がもうすぐ出産するって前にお話ししたと思うんですが。

　課長：ああ、そうでしたよね。で、予定日はいつ？

　部下：あ、再来月なんですが。

　課長：あ、そうか、楽しみだね。

　部下：ええ。

🔵30

　　　それで、話っていうのは、そのことなんですが、会社の育児休暇、あれ、男の社員が取ってもいいことになってましたよね。

　課長：ああ、まあ、そうなってますけどね。

　部下：確か、二ヶ月の有休が取れて、希望すれば休職も可能だとか。

課長：うん、そうなってますけどね。前例がないからなあ。

部下：ああ、そうですか。前例ないんですか。

課長：いや、あの制度ができたのも、ほら、去年のことでしょ。

部下：ええ。

課長：男でそれに申し込んだ社員っていうのも聞いたことがないしね。

部下：じゃ、それじゃ、**育児休暇を取らせていただく**っていうわけには…

課長：んま、一応ね、部長に相談してみないとなんとも言えないんだけど、難しいんじゃないかな。君も、ほら、今がかんばりどきなんだから、もっとばりばり働いた方が将来のためにもいいと思うけどね。でも、ま、決めるのは本人だから。

部下：じゃ、もう一度妻と相談してみますが、部長にそれとなく聞いてみていただけませんか。

課長：ま、聞いてみることはできますけどね。

部下：じゃ、申し訳ありませんが、どうかよろしくお願いします。

課長：可能性は、ほとんどないって思っといた方がいいんじゃないかな。それに、**私の立場からもね、賛成できかねるし。**

部下：わかりました。お時間、いただきましてありがとうございました。

課長：ええ。

● 31

③川崎：山根さん。

山根：ん？

川崎：山根さんのコンピュータって、マックだったよね。

山根：そうだけど。

川崎：パワーポイント、入ってる？

山根：うん、入ってるよ。

川崎：あっ、ちょっと急なお願いなんだけどね。

山根：どうしたの。

● 32 川崎：明日の会議のプレゼンに使う資料なんだけど、大阪支社からメールで送ってもらった添付が文字化けして、全然読めないの。で、大阪に問い合わせたら、マックで作ったって言うのよ。

山根：川崎さんのって、ウィンドウズだったっけ？

川崎：うん。

山根：システムが違うと、こんなとき、困るよねえ。

川崎：そうなのよ。で、**悪いけど、山根さんのコンピュータ、ちょっとの間、使わせてもらってもかまわない？**

山根：**今日ずっと、っていうわけじゃなかったら、かまわないから、私のどうぞ使って、使って。**

川崎：いい？　ほんと、ごめん。午前中には終わるようにするから。

●33

④俊宏：ねえ、お母さん、ちょっと話があるんだけど。

母親：何、俊宏。急に改まって。また、何か買ってじゃないの？

俊宏：違うよ。ま、半分当ってるかもしんないけど。あのさ、俺、ギターほしいんだ。で、**アルバイトしたいんだけど、いいかなって。**

母親：アルバイト？

俊宏：うん。

母親：**だめだめ。来年、受験でしょ。**何ばかなこと、言ってんの。

俊宏：じゃ、ギター買ってくれるの？

母親：だめに決まってるでしょ。お父さんもだめって言うはずよ。ギターより、勉強に身を入れなさい。

俊宏：じゃ、もういいよ。お父さんに聞いてみようっと。

————————

俊宏：ねえ、お父さん、ちょっと。

父親：ん？

俊宏：俺さあ、ギターほしいんだけど。でさあ、アルバイトしようかなって思ってんだけど、させてくれるよね？

父親：おお、アルバイトかあ。

俊宏：うん。

父親：ギターねえ、じゃ、後でお母さんともいっしょに話してみるか。

俊宏：もう聞いたけど、だめだって。

父親：そうか。

俊宏：ねえ、ちゃんと勉強するって約束すっからさあ。バイト、週一日だけでもいいから、してもいいよね。

父親：ううん。まあ、勉強もちゃんとするんなら、お父さんはしてもいいような気もするけど。

俊宏：だよね。いいよね。

父親：でも、こういうことは、やっぱりみんなで話さないとな。じゃ、あれだ、晩ご飯の時に、もう一回、みんなで話そうか。

俊宏：うん。わかったよ。

●34

⑤　学生：あのう、すみません。

図書館員：あ、はい。

　　学生：この本、今日が返却日になってるんですけど、**続けて借りるっていうのは、可能ですか。**

●35 図書館員：続けてですか。

　　学生：ええ、今、修士論文を書いているとこで、どうしてもこの本が必要なんです。

図書館員：院生さんですか。

　　学生：はい。

図書館員：原則としては、返却しないといけないことになってるんですけど、**一旦、返却 の手続きをしてから、引き続き借りてもいいですよ。**

学生：ありがとうございます。あのう、それから、こっちの辞書なんですけど、これは借りられますか。

図書館員：ああ、辞書ですか。それは、閲覧のみですね。**辞書や、百科事典、雑誌類は貸し出しできないことになってるんで。**

学生：そうですか、わかりました。じゃ、これ、お願いします。

図書館員：はい。

【 聞きとり練習Ⅱ 】

36

①男性1：最近の若い社員って、ほんと信じられないんだよな。こないだなんかさあ、新入社員の片岡だっけ、あの髪の長い奴、「有休取らせてください。」だって。しかも、三日も。四月に入社して、まだ一ヶ月も経ってないだろ。ま、確かに、有休取っちゃいけないっていう規則はないんだけどさ。常識はずれだよ。まったく。仕方ないから、しぶしぶオーケー出したんだけどさ。最近の若いのは、何考えてんだか。

37

②女性：そんなに、怒ってみても仕方ないんじゃない？ 時代も変わったのよ。私の課の女の子なんだけどね、小さい子供がいるから、気持ちはよくわかるんだけどさあ、「研修旅行、行かなくてもいいですか」だって。で、結局、来なかったんだけどね。私が若かったときなんか、絶対言えなかったけど。もう、そんなに目くじらたててみても仕方ないっていうか、そういう時代なのよ、きっと。

38

③男性2：でも、若い子がみんなひどいってふうには言えないと思うよ。俺の課にさあ、5時に会社を抜けたいっていう奴がいて、理由を聞いたら、コンピュータかなんかの資格を取りたいからだって。「よし行って来い」って行かせたんだけど。5時に会社を出る代わりに、朝7時に出勤してがんばってるよ。若い子っていっても、いろいろいるよ。

【 ポイントリスニング 】

39

① 夫に聞いてみないことには、何ともお返事できかねるんですけど。

② じゃ、今回だけですよ。

③ ずっとってわけじゃなかったら、かまわないですけど。

④ 急に休むって言われてもね、困るんですよ。

⑤ 明日までに返してくれるんなら、貸してあげてもいいけど。

⑥ 木村さんに聞いてみないとなんとも言えないけど、まず無理なんじゃないかなあ。

⑦ 君の言いたいことはよくわかるんだけどね。しかし、私の立場じゃねえ。

⑧ ちゃんと宿題するって約束できるんなら、バイトしてもいいと思うけど。

第4課 「渋滞してるらしいですよ」― 確かな情報・不確かな情報 ―
じゅうたい　　　　　　　　　　　　　　　　　　　　　たし　　じょうほう　ふ たし

【聞きとり練習 Ⅰ】

🔘40

①乗客1：あのう、何かあったんですか。ちょっと、停車時間が長いようですが。さっきの放
　　　　　なん　　　　　　　　　　　　　ていしゃ　　　　　　　　　　　　　　　　　　　ほう
　　　　　送、聞き取れなくて。
　　　　　そう

　乗客2：ええ、**なんか、トンネル事故だとかって、言ってましたけど。**
　　　　　　　　　　　　　　じ こ

　乗客1：トンネル事故？

　乗客2：ええ。

　乗客1：いやあ、困ったなあ。どこでですか。

　乗客2：名古屋の手前のどこからしいですよ。
　　　　　な ご や

　乗客1：名古屋の手前ね。どのぐらい停車するって言ってました？

🔘41 乗客2：ううん、はっきりとした時間は言ってなかったんですけど。**壁が落ちたとか何とか**
　　　　　　　　　　　　　　　　　　　　　　　　　　　　　　　かべ　お
　　　　　で、あまり時間はかからないようなこと言ってましたけど。

　乗客1：ああ、そうですか。困ったなあ。在来線に乗り換えるのも時間がかかりますしね。
　　　　　　　　　　　　　　こま　　　　　　ざいらいせん　の　か

　乗客2：そうでしょうね。まあ、わたしもどうしようか迷ってるんですけど。やっぱりこの
　　　　　　　　　　　　　　　　　　　　　　　　　まよ
　　　　　まま新幹線に乗ってたほうがいいかなと思ってまして。
　　　　　　　しんかんせん

　乗客1：そうですね。

🔘42

②　乗客：すごい混んでるね。さっきからぜんぜん動いてないし。
　　　　　こ

　運転手：そうですね。

　　乗客：何かあったのかな。

　運転手：今朝、この先の踏切のあたりで、車同士の衝突事故があったんですけど。
　　　　　け さ　　　　　ふみきり　　　　　　しょうとつじ こ

　　乗客：衝突事故？

　運転手：ええ、でも、朝7時ぐらいだったから、今10時でしょ。**もう3時間もたってるか**
　　　　　ら、その事故のせいだけだとは思えないんですけどねえ。

　　乗客：あっ、そう。ううん、ちょっとこのままだと間に合いそうにないし、一番近くの駅
　　　　　　　　　　　　　　　　　　　　　　　　　　ま　あ
　　　　　まで行ってもらえません？

　運転手：一番近くの駅ですね。はい、わかりました。

　　乗客：お願いします。
　　　　　ねが

🔘43

③ゆみこ：あ、ほらほら、見て、あれ。あそこのボード。

　みちこ：えっ、なんか事故でもあったの？
　　　　　　　　　　じ こ

　ゆみこ：うん。「delay（ディレイ）」って書いてあるから、遅れるみたいよ。
　　　　　　　　　　　　　　　　　　　　　　　　　おく

　みちこ：ええ、出発が遅れるのお？　なんでだろ。ゆみこ、英語できるんだから、ちょっ
　　　　　　　しゅっぱつ
　　　　　とカウンター行って、聞いてきてよ。

　ゆみこ：うん、ちょっと行ってくるね。

　みちこ：うん。

15

――――――――

44 みちこ：どうだった？

ゆみこ：ん、なんかね、**車輪に故障が見つかった**んだって。

みちこ：車輪の故障って、それで飛ぶの？

ゆみこ：うん。**修理に、あと1時間ぐらいかかる**みたいよ。

みちこ：げっ、1時間かあ。しかたない。待つしかないよね。でも、車輪の故障ってなんか
　　　　恐くない？

ゆみこ：うん。時間かかってもいいから、ちゃんと修理してほしいよね。

みちこ：ん、絶対。なんか時間かかりそうだし、お茶でも飲みに行く？

ゆみこ：ん、そうしよっか。

45

④ 乗客：あの、すいません。

運転手：はい。

　乗客：あの、終点の仙台まで、あとどのぐらいかかりますか。

運転手：ん、そうですねえ。**このまま渋滞とか事故がなくて、順調にいけば、あと1時間**
　　　　ぐらいでしょうね。

　乗客：あと1時間ですか。

運転手：ええ。

　乗客：もうずいぶん遅れてますよね。

運転手：ええ。すみません。昨日の台風の影響で、高速道路の状態がよくないとこがあっ
　　　　て、それで、一車線になってるとこがあんですよ。

　乗客：ああ、そうですか。あと、1時間ですね。

運転手：ええ、それぐらいだと思います。

46

⑤ 息子：ねえねえ、おばあちゃんちまであとどれぐらいかかるの？

父親：**ううん、あと30分、ぐらいじゃないかな**。

息子：30分も？

父親：うん。

息子：ぼく疲れてきちゃった。もう少しスピード出してよ。高速でしょ。なんでこんなに
　　　ゆっくりなの？

父親：いや、ほら、この辺、工事で制限速度60キロって書いてるから、それ守らないと。

息子：でも、ぼく疲れた。おしっこもしたいし。

父親：えっ？　もうちょっと、我慢できない？

息子：さっきから我慢してるから、もうこれ以上できないよ。できない。

母親：だから、さっき休憩したときに、おしっこ行っておきなさいって言ったでしょ。

父親：じゃ、次のパーキングエリアで停めるから、もうちょっと我慢できるか。

息子：はあい。

【 聞き取り練習 Ⅱ 】

●47

①ごめん。30分ほど遅れそうなんだ。今、高速、すごく混んでて。事故のせいで一車線に
なっててさあ。悪いけど、僕のこと待たないで、先にみんなで始めといて。

●48

②ねえ。あたしだけど、大丈夫？　なんか、空港のコンピュータがダウンして、飛行機止
まってるって、テレビで見たんだけど。どの会社のに乗るのか知らなかったんだけど、大丈
夫だった？　大阪に着いたら電話してね。

●49

③高木さん、すいません。ちょっと遅れそうなんですけど。なんか、どっかで人身事故があっ
たのかな。とにかく、ホームに人があふれてて、なかなか電車に乗れそうにないんですよ。
それで、9時半からの打ち合わせの時間、1時間ぐらいずらしていただきたいんですが。す
いません。よろしくお願いします。

●50

④あっ、俺、木村だけど。ちょっと聞いただけだから、デマかもわかんないんだけどさあ、来
週の月曜日、バス、ストするんだって。ストなら、学校休みになるしさあ、チェックしとい
たほうがいいよ。じゃあな。

【 ポイントリスニング 】

●51

①　もうそろそろ電車が出発してもいいはずなんだけどねえ。
②　昨日このあたりで自動車の正面衝突事故がありました。
③　ただいま、大雪のため電車が不通になっております。
④　天気予報で言ってたけど、台風が近づいてきてるらしいよ。
⑤　この道、朝と夜はいつも渋滞するんじゃないかなあ。
⑥　今、海が荒れてて、あさってまで船は出ないということらしいですよ。
⑦　飛行機に乗ってった方が速くて楽なんじゃないの？
⑧　この時間だったら、車より自転車で行った方が速いんだって。

【 重要表現 】

●52

A：明日、学校休みになるんだって？

B：うん、そうなんだって。

A：斉藤さん、会社やめるんだって。

B：ええ？　知らなかった。

第5課 「そこをなんとか」― 依頼・指示 ―

【聞きとり練習Ⅰ】

🔘53

① 木村：小西さん、小西さん。

小西：あ、木村さん。どうしたんですか。そんなに急いで。

木村：あのさ、もう、部長んとこ、書類持ってった？

小西：いいえ、これからですけど。

木村：ああ、よかった。あの、ちょっと頼みにくいことなんだけどさ。

小西：何ですか。

木村：この書類、なるだけ早く部長のはんこ、ほしいんだよね。

小西：はあ。

木村：最近、部長忙しいだろ？ 昨日も部長のデスク、書類の山だったしさ。

小西：ええ、そうなんですよ。最近、会議が多いですし。

木村：だろ？ それでさ、**悪いんだけど、これ上の方に置いて、早く部長のはんこ、もらえるようにしてくんないかな。** ちょっと、急ぎの書類でさあ。

小西：ええ。まあ、できないことはないですけど。そういう注文、多いんですよ。

木村：**そこをなんとか頼むよ。** 今度できたフレンチレストランのランチ、おごるからさあ。

小西：ううん。じゃ、さりげなく、上の方にだしときますね。

木村：うん、助かった。恩にきるよ。

🔘54

② 店長：おはようございます。

従業員：おはようございます。

店長：みんな、そろってますね。じゃ、朝のミーティング始めます。ええ、いつも皆さんに、お願いしていることですが、お客さんに、**元気よくあいさつをする。ニコニコ笑顔を忘れない。** ええ、それから、お客さんのオーダーは大きい声で繰り返す。この、オーダーの繰り返し、できてない人を最近見かけます。注意すること。ええ、それから、厨房の方なんですが、先月、水道代が12万円ちょい、かかってます。その前の月は、10万円弱だったのが、先月は急に高くなってました。これ、去年の同じ月と比べてみても、ちょっと、高すぎるなあ、という状況です。で、**水の節約にこころがけてください。** いつも、水を流しっぱなしにしないようお願いしますよ。ええ、私の方からは以上です。皆さんの方から、何か連絡事項はありますか。

木下：あ、店長。いいですか。

店長：じゃ、木下さん、お願いします。

木下：はい。お客様のお手洗いの点検なんですけど…

●55

③工場の人：もしもし、富岡自動車です。

杉山：あ、もしもし。

工場の人：はい。

杉山：あのう、杉山ですけど。

工場の人：ああ、杉山さん、いつもお世話になってます。

杉山：ええ、こちらこそ。あのう、今、車検お願いしてますよね。

工場の人：ええ、ええ。

杉山：あれ、何日にできるって言ってましたっけ？

工場の人：ああ、えっとねえ。ちょっとお待ちください。

杉山：はいはい。

工場の人：ええ、杉山さん、杉山さん、ああ、ありました。土曜日の昼に上がることになってますけど。

杉山：あ、やっぱり。そうですよね。私も、土曜日の昼だったなあと思って。

●56

で、あの、無理をお願いするんですが。

工場の人：ええ。

杉山：あのう、**金曜日の朝、10 時頃までに、なんとかなりませんか。**

工場の人：ああ、**金曜日の 10 時ですか。いや、ちょっと、きついっすね。**あの、代車お貸しししてますよね。

杉山：ええ。でも、あれ、ちょっと、あの、冷蔵庫を運ばなくちゃいけなくって。お借りしてるの、セダンですから。

工場の人：あ、じゃあ、小さいトラックにかえましょうか。

杉山：え、できます？

工場の人：はいはい。今日からでもできますよ。

杉山：ああ、それ、それ、助かります。じゃ、あの今から借りに伺いますので。

工場の人：はい、お待ちしてます。車検のとおんなじタイプのでいいっすか。

杉山：ああ、それで結構です。お願いします。

工場の人：じゃ、承知しました。

杉山：はい。

●57

④ 恵：はい、山下です。

紀子：もしもし、紀子だけど。

恵：あ、紀子。勉強、はかどってる？

紀子：ん、いまいち。恵はどう？

恵：それがね。今朝から、おなかの調子、よくなくって、ずっとトイレに行きっぱなしなんだ。

紀子：ええ、どうしたの？　明日の試験のこと、緊張してんの？

恵：まさかあ、そんなんじゃなくて。昨日、食べた物にあたったのかなって。

紀子：ええ？

　恵：ごはんがちょっと変な匂いしてたんだけど、ま、いっかあって思って、そのまま食べたからかな。

紀子：それって食中毒かも。危ないんじゃない？　お医者さんに行った？

　恵：まだなんだけど。

紀子：診てもらったほうがいいよ。

　恵：ん。わかった。で、何？　何か用があったんじゃない？

● 58 紀子：あ、そうなんだけど。あのさ、あたし、昨日経済学のゼミ休んだでしょ。**ハンドアウト見せてもらいたいなあって思ってたんだけど。それと、いっしょにテスト勉強しないかなって。**

　恵：あ、そっか。

紀子：**でも、いいよ。誰か他の人、探してみるから。**

　恵：ごめん。

紀子：いいよいいよ。気にしないで。それより、お医者さんに早く行った方がいいよ。一人で行ける？　連れてってあげよっか。

　恵：ああ、大丈夫。一人で行けると思うから。

紀子：そう。じゃ、また、電話するね。

　恵：ん、じゃあね。

紀子：お大事に。

　恵：うん。ありがとう。

紀子：じゃあね。

　恵：バイバイ。

● 59
⑤　教師：ええ、では、最後に、学期末のレポートの提出方法について説明します。これについては、教務課の掲示板にも、そろそろ出るころだと思いますが。

学生1：あの、まだです。

　教師：あっ、まだでてないですか。おかしいわね。じゃ、後で確認して出してもらいますね。はい、まず、レポートのテーマですが、二つ出しますので、どちらか選んで書いてください。一つ目は、企業が海外進出したときに成功する条件。もう一つは、ベンチャーが成功する条件。この二つです。レポートの長さですが、A4サイズで、10枚程度でお願いします。

学生1：あの、表やグラフも入れて10枚ですか。

　教師：ええ、表やグラフは別にして、本文だけで10枚ぐらいです。ええ、それから、書式ですが、横35文字、縦40行で。それから、これ、大切な注意点なんですが、引用するときは、必ず本の題名とページを明記すること、他の人の文章を自分のもののように書かないように。もし見つけたら、レポートの点数、ゼロとします

ので、気をつけてください。ええ、それと、当たり前のことですが、人のレポートは写さない。これも、見つけた場合、ゼロです。それから、締め切りは、7月20日です。

学生2：何時までですか。

　教師：お昼の12時までです。ええ、午後の提出は受けつけません。提出先は、教務課です。**電子メールでの提出はしないようにお願いします。**はい、他になにか質問ありませんか。なかったら、今日の授業はこれで終わります。

【 聞きとり練習Ⅱ 】

🔴60

　ナレーション：では、次、特集です。今週のテーマは団地の人間関係です。今日は団地に住んでいる人がどのくらい近所の人を頼りにしているかについてのインタビューをしました。レポーターは鈴木です。

①鈴木：すいません。

　主婦：はい。

　鈴木：あ、すいません。今、ちょっとお時間よろしいですか。

　主婦：ええ。

　鈴木：すいません。あの、ご近所の方にどんなことを頼まれたりしますか。

　主婦：ご近所ですか。ああ、あの、うちのお隣さんは、共働きしてらっしゃるんですけどね。はっきり言って、ええっ、こんなことって思うようなこともときどき言われるんですよね。

　鈴木：あ、そうですか。例えば、どんなこと？

　主婦：先週なんかね、スーパーで特売になってたトイレットペーパーを買っといてくれないかって頼まれたんです。それも3個も。特売ってったって、いつもと100円ぐらいしかかわんないのに、そこまでしてトイレットペーパーが必要なんですかね。

　鈴木：なるほどね。

🔴61

②鈴木：あの、すいません。

　主婦：はい。

　鈴木：ちょっと、お話、うかがいたいんですが。今お時間よろしいですか。

　主婦：あ、はい。

　鈴木：すいません。あの、ご近所の方にどんなことを頼まれたりしますか。

　主婦：ああ、うちのお隣さんですか。

　鈴木：ええ。

　主婦：ま、お互い小さい子どもがいるから、いろいろ頼んだり頼まれたりしてますよ。うん、持ちつ持たれつって感じですね。

鈴木：なるほど。最近では、どんなことがありましたか。

主婦：あ、実は、今日も、買い物に行く間、しばらく子どもを預かってくれるようにお願い
　　　されたんですよ。いつも、お互いとっても気軽にお願いし合ってるし、うん、お互い
　　　様ですからね。

鈴木：あ、なるほど。ありがとうございました。

● 62

③ 鈴木：あの、すいません。

主婦：はい。

鈴木：今ちょっと、お時間よろしいですか。

主婦：はい。

鈴木：あの、ご近所の方とおつきあいはありますか。

主婦：近所づきあいですか。

鈴木：ええ。

主婦：最近は、昔みたいなつきあいはないですよね。

鈴木：ははあ、そうですか。じゃ、あの、全くおつきあいの方は…。

主婦：いや、まあ、お願いされないこともないですよ。宅配の荷物とか。でも、若い方から、
　　　おせちの作り方を教えてほしいとかって、頼まれたらうれしいんだけど。

鈴木：なるほど。

主婦：そういうのって、興味ないんですかね。

鈴木：ありがとうございました。

【 ポイントリスニング 】

● 63

① 父親：昨日の雨で川の水が増えてて危ないから、川の近くで遊ぶんじゃないぞ。

　　子供：はあい。

② ちょっと聞き取りにくいんですが、もう少し音量あげてもらうこと、できますか。

③ 早く元気になりたいんだったら、お酒はできるだけ飲まないようにしてください。

④ これ、100 枚コピーしてもらっていいかなあ。

⑤ 留守の間、うちの犬を預かっていただきたいんですけど。

⑥ お母さん、悪いけど、これ明日までに洗っといて。

⑦ 明日の予約の時間を 1 時間遅くしていただけると、本当にありがたいんですが。

⑧ 締め切りは厳守すること。締め切りを過ぎてからの申し込みはできませんので、注意し
　　てください。

第6課 「予約しておいたはずなんですけど」 ― 文句 ―

【聞きとり練習 Ⅰ】

● 64

①乗客：おいおい、ちょっと。

　駅員：あ、はい。

　乗客：**新幹線、いったいいつになったら、来るんだ。**

　駅員：あ、あの、おそらく後2、3時間後になると思うのですが。

　乗客：2、3時間後。こっちはもう1時間も待たされてんだぞ。いったいどうなってるんだ。

　駅員：**申し訳ございません。**

● 65

　　　　トンネルで何かあったらしくて、でもまだ詳しい事情がこちらにも…。

　乗客：こういうときは、ちゃんと**説明してもらわないと困るんだよ。**これじゃあ、新幹線に

　　　　乗る意味がないじゃないか。

　駅員：本当に申し訳ございません。特急料金は、到着駅で払い戻しいたしますので。

　乗客：**とにかく、できるだけ早く頼むよ。**大事な仕事が入ってんだから。ったく。

● 66

②夫：あっ、あれっ？　あれ、財布が。

　妻：えっ？

　夫：あれ、財布が。

　妻：ないの？

　夫：ちょ、ちょっと、待って。あれっ？　さっきこの美術館の前で、絵はがき買って、それから。

　妻：それから美術館に入っただけよ。

　夫：そうだよな。いや。たしかね、このポケットに入れて、あれっ？

　妻：ウエストポーチに入れたんじゃなかったの？

　夫：ああ、いや、たぶん、ズボンのポケットだと思う。

　妻：背広の内ポケットとか、とにかく、全部見た？

　夫：うん。いや、全部、全部探したけど。

　妻：スリにあったんじゃない？　この美術館、けっこうスリが多いってうわさだし。

　夫：あ、そう？

　妻：だから、**財布はちゃんと背広の内側かウエストポーチの中に入れておいてって、言って**

　　　たのに。

　夫：うん。

　妻：だいたい、あなた、用心が足りないのよ。

　夫：いや、まあ、ね。

　妻：で、いくら入ってたの？

　夫：あんまり。50ドルぐらいかな。

妻：50 ドル？　警察に届けても無駄よね。

夫：うん。たぶん、戻ってこないよ。あ、でも、クレジットカードは別にしてたから、大丈夫、うん。

妻：あっ、そう。不幸中の幸いね。

夫：うん、幸い。うん。

妻：でも、これからはちゃんと気をつけてよ。

夫：はい。

●67

③ホテルの人：はい、フロントでございます。

　　　　　客：あのう、すみません。

ホテルの人：はい。

　　　　　客：504 ですが。

ホテルの人：はい。

　　　　　客：あの、シャワーが水しか出ないんですけど。洗面所のほうは、お湯が出るんですけど。それもちょっとお湯の出が悪くて、で、シャワーは水しか出てこないんですよ。昨日から。

ホテルの人：ああ、そうですか。申し訳ございません。すぐに調べます。

●68

　　　　　客：あの、シャワーのお湯が出ないの、昨日からなんですよ。昨日もフロントに電話して、直してもらうように言ったのに、**まだ直ってないっていうのは、どういうことなんですか。**

ホテルの人：昨日からですか。**ご不便をおかけして、まことに申し訳ございません。**あのう、よろしければ、すぐにお部屋をかえさせていただきますが。

　　　　　客：それじゃ、そうしてくださる？

ホテルの人：はい。

　　　　　客：水のシャワーはもういやですから。

ホテルの人：あ、かしこまりました。それでは、ただいま、お調べいたしますので、このまま切らずにお待ちいただけますか。

　　　　　客：はい。

ホテルの人：お客様、大変お待たせいたしました。

　　　　　客：はい。

ホテルの人：お隣の 505 にお部屋をご用意いたします。30 分後にはお使いいただけるようにいたしますので。

　　　　　客：じゃ、頼みますね。

ホテルの人：はい、大変ご迷惑をおかけいたしまして、申し訳ございませんでした。

🔴69

④今井：おい、江藤。

江藤：おお。

今井：ちょっとフロント行って、空港までのリムジンバスがいつ出てるか、聞いてきてくれよ。

江藤：お前やってくれよ。

今井：時間ぐらい聞いてきてくれてもいいじゃん。

江藤：あ、俺、英語だめだから、お前してきて。

今井：英語だめだからって、飛行機とかホテルの予約から、電車の切符、レストランの注文まで、ずっと俺ばっかりやってるだろ。ちょっとぐらい、お前もなんかしろよ。

江藤：おお、**でも、俺ほんと英語だめなんだって。**

今井：何でもだめだめだめだめってさあ、一回ぐらい自分でやってみせろよ。**せっかく海外旅行してるんだから、自分でやらないと意味ないじゃん。**

江藤：うるせえな。ほんとに、わかったよ。じゃ、何。なんて言えばいいの？

今井：ったく、それぐらい、自分で考えろよ。

江藤：冷たいなあ。

今井：だから、もう、旅行前には少しは英語勉強したほうがいいって言っただろ。

江藤：いや、聞いてないよ、俺。

🔴70

⑤部下：部長、竹内部長、急いだ方が、もう…。

竹内：いや、あっちか、あっちのほうだな。いや、すまないけど、ちょっと、もうちょっと待っててくれないか。

部下：もう待てませんって。

竹内：いやいや、でも、もうちょっとだけだから。免税店で、ほら、みんなにおみやげ買っておかないと。

部下：**もうそんな時間、1分もありませんって。**

竹内：いや、あるある。

部下：もう搭乗の時間が来てるんですから。

竹内：チェックインはすませてあるんだから、飛行機は待っててくれるって。どこにも飛んでいかないから。

部下：買い物する時間なんてもうないっすよ。**買い物なら機内ででもできるじゃないですか。**

竹内：わかった、わかったよ。じゃ、あの、あれだ、ちょっと、トイレだけ、な、トイレ。

部下：ええ、ちょっ、部長ったら。もう、早くしてくださいよ。

🔴71

⑥店員：いらっしゃいませ。

　客：あ、チケットの引き換え、お願いします。

店員：はい、控えはお持ちでしょうか。

　客：ああ、はい。

店員：お客様、これ、次の土曜日の分ですね。

客：ええ。

店員：この分のチケットは、今日の午後からしかお渡しできないことになっているんですが。

⦿72 客：えっ？　電話じゃ、今日大丈夫って聞いたんですけどね。

店員：ああ、左様でございますか。でも、お引き換えは今日の午後１時からとなっておりますので。

客：いや、でもね、電話の人は、今日の午前中でも大丈夫だって言ったはずなんだけど。

店員：はあ。

客：今日からしばらく出張がつまってるし、今もらえないと、困るんだけどね。

店員：そうでございますか。では、しばらくお待ちいただけますか。

客：ああ。

店員：お客様お待たせいたしました。では、仮のチケットを発行させていただきますので、当日、それを直接窓口に持っていっていただけますか。

客：そしたら、入れるわけ？

店員：はい、これで、チケットと同じふうに使っていただけます。

客：あ、そう。じゃ、これでいいんだね。

店員：はあい。どうも、ご迷惑をおかけして、申し訳ございませんでした。

【聞きとり練習 Ⅱ】

⦿73
①客：昨日、行ったレストランのことなんだけど。値段は高いのにサービスが悪くて、ほんとひどかったんだよ。連れて行かれた席がトイレの近くで、他にも席が空いてるのに、なんでトイレの近くにわざわざ座らせられるんだって思ったわけ。しかも、その席、隣が子連れで、こっちは静かに食事したいのに、子供がうるさくって。それに、メニューを頼んで30分しても料理は来ないし、で、やっときた料理は生ぬるいし。ウェイターは、にこりともしなくて、まだ食べ終わってない皿をさっさと片づけちゃうし、応対が最悪だったんだよ。それで、あんまり腹が立ったから、レストランの支配人を呼んで、文句を言ってやったんだ。

⦿74
②ウェイター：昨日さあ、いやな客がいたんだよな。どうでもいい細かいことにいちいち文句言う客でさ、席がトイレに近くて悪いだの、隣の席の子供がうるさいだの、他の席は予約席だったからさ、そこしかなくて。文句言うんだったら、予約してほしかったよなあ。料理についても文句ばっかりでさ。一番安いコース、注文してるくせに、態度、でかいんだよ。

⦿75
③他の客：昨日ね、レストランで食事したんだけどね。隣にとってもタカビーな客がいて、最悪だったんだ。子供と一緒に行ってたんだけど、うるさいって目でにらまれるし。そんなに騒いでたわけじゃないのに。それに、ウエイターさんも、なんだかわか

んないけどいろいろ文句を言われてたみたいでさ。せっかく、おいしい料理を食べ
に行ったのに、気分も台無しになっちゃった。

【 ポイントリスニング 】

●76

① あのう、この電車、何時に出発するんですか。

② いったい、何時間待たされなくちゃいけないんですか。

③ あの、シャワーの修理をお願いしたんですが、もう使えますか。

④ テレビの修理をお願いしておいたのに、まだ直ってないってどういうことですか。

⑤ 昨日どうして連絡してくれなかったんですか。

⑥ 何時に出発するって？

⑦ これじゃあ、タクシーに乗った意味がないじゃないか。

⑧ わからないって言われても、こちらも困るじゃないですか。

【 重要表現 】

●77

A: 言ってくれないとわからないじゃない。

B: ごめん。

A: 自分の部屋ぐらい掃除できないの？

B: わかってるって。

第7課 「中華のほうがいいんじゃない？」― 提案 ―

【聞きとり練習 Ⅰ】

🔘78

①夫：な、今年の夏休みなんだけどさ。

　妻：うん。

　夫：**健を田舎で過ごさせようかなって思ってるんだけど。**

　妻：田舎って？　誰んとこなの？

　夫：ほら、夏休みに、田舎で１ヶ月ぐらいホームステイするっていうプログラムがあるだろ。あれなんか、どうかなって思ってさ。

　妻：ええっ、ホームステイさせるの？　１ヶ月も？

　夫：うん。ほら、健は一人っ子だし、田舎だって行ったこともないだろ？　自然に触れられるし、いい思い出になるんじゃないかなって思ってさ。

　妻：ああ、そうね。男の子だし、もっとたくましく育ってほしいけどね。

　夫：だろ？

　妻：**でも、まだちっちゃいし、大丈夫かな。**

　夫：もう、３年生だろ。大丈夫だよ。

　妻：そうかな。でも、やっぱり心配よ。で、あなた、なんかいいプログラム知ってんの。

　夫：うん、なんか、隣の課の川村さんが、息子さんをホームステイさせたことがあって、すごくよかったんだってさ。

　妻：ふうん。

　夫：すごくしっかりしてきたし、何でも自分でするようになったとか言ってたよ。積極的になったって。

　妻：へえ、そうなの。じゃ、川村さんにもうちょっと詳しく聞いてきてよ。

　夫：うん。じゃ、明日、聞いてみるよ。

　妻：うん。

🔘79

②内藤：先輩、お疲れさまでした。無事終わりましたね。

　清水：ああ、内藤君もお疲れ。よくがんばったね。

　内藤：もう、石井先生の鋭いコメントには、冷や汗でしたよ。

　清水：そうね。でも、まあ、初めての発表にしては上出来だったんじゃない？

　内藤：そおっすか。あ、で、あの、来週の打ち上げコンパなんですけど、

　清水：うん。

🔘80　内藤：ほら、駅の北側にタイ料理の店、オープンしたじゃないですか。

　清水：ああ。

　内藤：**あそこ、けっこういいと思うんですけど。先輩どうですかねえ。**

　清水：うん、個人的にはね、OKなんだけど、石井先生、ああいうの、だめなんだ。

　内藤：あ、ええ？　そうなんっすか。

清水：うん、なんかね、匂いが強い料理は食べられないみたい。だから、エスニックは全部
　　　はずしてんの。

内藤：あ、じゃ、インドもだめ？

清水：うん。たぶんね。2年前の打ち上げでさ、そのときは、ベトナム料理だったんだけど、
　　　結局ほとんど食べなかったし。なんか、中華は好きみたいだけどね。

内藤：じゃ、どうすりゃいいのかな。

清水：ううん、ちょっと定番すぎるかもしれないけど、「上海テーブル」にしない？

内藤：ああ。

清水：あそこだったらいろいろメニューもそろってるし、石井先生も好きだって言ってたから。

内藤：あ、**わかりました**。じゃ、予約入れてみます。

清水：うん、よろしくね。

●81
③部下：あ、あの、課長。

課長：何？

部下：ちょっと今度の企画会議に向けて考えていることがあるんですが、聞いていただけますか。

課長：あ、いいですよ。

部下：最近、女性向け商品の売り上げが伸びてないと思うんですけど。

課長：うん、そうですね。

部下：もっと消費者の声を聞いてくことが大事じゃないかなと思うんです。

課長：ま、そりゃそうだけど。で？

●82 部下：これまでは商品モニターをやってましたよね。

課長：ああ。

部下：で、いっそ、**ターゲットになるOLに集まってもらって、アイデアを出してもらうよ
　　　うな場を作ったらどうか**と考えているんですが、いかがでしょうか。

課長：そうですね。ま、**生の声を聞くのは大事**だと思いますけど、どうやってデータを集め
　　　るかがポイントになるんじゃないのかなあ。

部下：あ、はい。

課長：そこんとこを、もうちょっとつめて、具体的な案を持ってきてくれますか。

部下：**はい、わかりました**。じゃ、2、3日中にまたご相談します。

課長：うん、よろしく。

●83
④子ども：いってきまあす。

主婦1：あ、いってらっしゃい。気をつけてね。

子ども：はあい。

主婦2：いってらっしゃい。毎日、元気ね、けんちゃんは。

主婦1：ええ、あれだけが取り柄なのよ。あ、そうそう、こないだね、この近くで、高村さ
　　　んの息子さんが、車にひかれそうになったって、聞きました？

主婦2：ええ、聞きましたよ。怖いですよね。

主婦1：ほんとに。この道、交通量が多いのに歩道がないですからね。

主婦2：そうなんですよ。子供の通学路になっているのに、歩道がないっていうのは、
　　　　ちょっと問題じゃないかしら。

主婦1：ええ。子どもがいるご家庭はみなさん心配してらっしゃると思うんですよ。

主婦2：そうですよね。

主婦1：前々からなんとかしたいとは思ってたんですけど。どうしたらいいか…。

主婦2：それなら、市役所に行って相談してみるっていうのもいいかもしれませんね。

主婦1：**あ、それいいですね。**

主婦2：じゃ、二人だけでっていうのもなんだから、近所の皆さんに声をかけてみましょうか。

主婦1：ええ、じゃ、あたし、お隣の横山さんにも話してみます。

主婦2：ええ、それ、お願いします。私もご近所の方に言ってみます。

84

⑤女性：じゃ、次のショップをどこに出すかについてですが、まず岡崎さん、お願いします。

岡崎：はい、では、ご説明させていただきます。え、うん、**大崎の駅前が有力候補として**
　　　挙げられるのではないかと考えております。まず、この地域は、競合するコーヒー
　　　ショップが少ないことと、新しいオフィスビルができたところですので、ターゲット
　　　になる客層が増えることが予想されます。また、土地の価格がそこまで上がってお
　　　りませんので、コストが抑えられることも魅力ではないかと考えます。

男性：**でも、大崎って、今出してるうちのショップからはちょっと遠いでしょ。運送コスト**
　　　がかかるんじゃないの？

女性：それから岡崎さん、その新しいオフィスビル、今いくつぐらい会社が入ってるんですか。

男性：あ、そう言えば、あそこ、出足が鈍いって聞いたよ。

岡崎：あ、は、まあ、はい。そこんとこは、あの、まだ調査中でして。

男性：そこんとこを、はっきりしないと、次進められないんじゃないの？　じゃ、ま、次の
　　　会議までにもう少しつめてから、再度、検討しましょうか。ね？

女性：そうですね。

岡崎：わかりました。

女性：じゃ、次、佐々木さん、お願いします。

佐々木：はい。

【 聞きとり練習 Ⅱ 】

85

①インタビュアー：ちょっと、すいません。よろしいですか。

　　　　　　男性：あ、ぼく？

インタビュアー：はい。

　　　　　　男性：あ、いいよ。

インタビュアー：あ、すいません。最近、環境に対する意識が高まっていますが、お勤め
　　　　　　　　なさっている会社ではどんなことに取り組んでらっしゃいますか。

　　　　　　男性：ああ、そうですね。ま、うちの会社では、紙の消費量を減らさなきゃっ
　　　　　　　　てことで、コピーの裏紙をメモに使ったり、両面コピーするようにしよ

うということになったんですが、もう、実際はめんどくさかったり、どの紙がリサイクル用でどれが本当の書類かごちゃまぜになっちゃったりして、あんまり評判よくないんですよね。僕も、忙しいからそこまで考えてやってられないんですよ。

インタビュアー：あ、そうですか。

86

② インタビュアー：あ、すいません。ちょっとお時間、よろしいでしょうか。

女性：あ、はい。

インタビュアー：恐れ入ります。最近、環境に対する意識が高まっていますが、お勤めの会社ではどんなことに取り組んでいらっしゃいますか。

女性：ああ、うちは、コーヒーサーバーがあるんですけど、その紙コップを使わずに、自分のカップを持ってこようってことにしたんです。そしたら、カップを洗わないでそのまま流しにポンって置いてく人が多くって、女性社員の間では、超ヒンシュク、買ってんですよ。いいことだって思うんですけど。ま、みんなの意識がもうちょっとかわんないと、結局、女性社員の仕事が増えるし。ちゃんとやるんだったら、みんながやらないとって思うんですけど。

インタビュアー：そうですよね。

87

③ インタビュアー：あ、すいません。ちょっと、よろしいでしょうか。

男性：あ、あ、あ。

インタビュアー：はい、すいません。最近、環境に対する意識が高まっていますが、あなたのお勤めの会社ではどんなことに取り組んでいらっしゃいますか。

男性：あ、環境。難しいね。あの、そうね、一度ねえ、うちの会社、会社じゃねえ、あの、工場の近くの海岸のね、ごみ拾いしようかって案が出てたんだけど、社内では反対が多くって、結局ボツになっちゃったんだよね。なんか、あの、そんな地味なことやってても宣伝効果もないしとかでね。私としては、地域のみなさんに会社のことを知ってもらうのにいい機会なんじゃないかなと思ってたんですけどね。

インタビュアー：ああ、なるほどね。

【 ポイントリスニング 】

88

① 商店街の宣伝のためにラジオのコマーシャルにでてみたらどうかって思うんですけど。

② ゆっくり船で行くっていうのもいいんじゃないですか。

③ 母の日だからカーネーションっていうのもね。

④ フランス料理だとちょっと高くつくんじゃないですか。

⑤ 鎌倉は、みんな行ったことがあるかもしれないし、どうかって思うんですけど。

⑥ おすしの出前を取るとかは？

⑦ お父さんに、おしゃれなかばんあげてもねえ。

⑧ そんなにしたいんだったら、一人ですれば。

第8課 「給料は悪くないんだけどね」― 感想 ―
きゅうりょう わる　　　　　　　　　　　　　かんそう

【聞きとり練習 I 】

●89
① 雅子：ルミ子、新しい職場にもう慣れた？
まさこ　　　　　　しょくば　　　な

ルミ子：うん、慣れたといえば、慣れたのかもしんないけど、ま、まだ2ヶ月だから。

雅子：そうだよね。突然仕事やめるって言い出して、前の会社やめちゃったじゃない。
とつぜん

ルミ子：うん。

雅子：あの時は、やめたらって言ったものの、内心、言わなきゃよかったかなあって、実
ないしん
は、思ってたんだけどね。でも、すぐに仕事見つかってよかったね。

ルミ子：うん。

●90
あの時はありがとう。前の会社は、本当に、上司が最悪だったんだよね。**仕事で**
じょうし　さいあく
きないくせに、えらそうにしてるし。

雅子：そういうのって頭くるよね。毎日愚痴ばかりだったもんね。
あたま　　　　　　　　ぐち

ルミ子：うん。それだけじゃなくって、不景気でさあ、ボーナスも出なくなってたし。
ふけいき

雅子：ボーナスがないなんて、悲しすぎるよね。
かな

ルミ子：うん。

雅子：で、今度のところはどうなの？
こんど

ルミ子：うん。今のところは、いい感じ。**みんな親切にしてくれるし、人間関係は文句な**
かん　　　　　　しんせつ　　　　　　　　にんげんかんけい　　もんく
しってとこかな。

雅子：じゃ、会社、かわって正解だったね。
せいかい

ルミ子：うん、やめようって決心して本当によかったよ。で、雅子んとこは、どうなの？
けっしん

雅子：うち？　うちは、相変わらず。
あいか

●91
② 誠：ああ、疲れた。
まこと　　　　つか

香里：誠、さっきから、疲れた疲れたってそればっかり。ひさしぶりのデートなのに。
かおり

誠：だって、疲れてんだから、しかたないだろ。昨日も、日曜だっていうのに、朝から仕
事だったし。

香里：そんなに疲れる仕事だったの？

誠：うん。昨日の引っ越しは、でっかい家具が多くって、んで、本が多くってさ、もう重
ひ　こ　　　　　　　　　　かぐ　　　　　　　　　　　　　　　　　　　　　　おも
くて重くてまいったよ。引っ越しの仕事はきついよ。

香里：でも、仕事っていっても別に毎日じゃないでしょ。お気楽なフリーターなんだから。
べつ　　　　　　　　　　　　きらく

誠：だから、今、仕事探してるって。
さが

香里：じゃ、いつになったら定職に就けるわけ？　この調子じゃ、いっしょに住めるのも
ていしょく　つ　　　　　　　　　　ちょうし　　　　　　　　　す
遠い話よね。
とお

誠：だから、今、探してるって言ってるだろ。

香里：だけど、こないだも、せっかく決まったCD屋さんの仕事、すぐけっちゃったでしょ。
や

誠：ああ。

香里：あの仕事、続ければよかったのに。

誠：ま、あそこは、**俺も続けるべきだったかなあ**って思ってはいるんだけどさ。ま、でも店長が嫌なやつだったから。

香里：でも、そんな全部がいい職場なんてないんだからさあ。

誠：もう、わかってるって言ってるだろ。

●92

③山本：木下さん、営業に来て、そろそろ1ヶ月？

木下：ああ、はい、そうですね。

山下：人事と営業はずいぶん様子が違うんじゃない？

木下：ああ、そうですね。

●93 山下：ま、医者ってたいがい、威張ってるしな。そういうのに、頭下げて営業するのって、最初はきついだろうけど、ま、がんばってくれよ。

木下：ええ。でも、ずいぶん、慣れました。

山下：そうか。

木下：それに、新しい薬を覚えたり、それを説明したりっていうのは、**大変っちゃ大変なんですけど、ノルマがあるわけじゃないですし。**

山下：そうだな。大きい製薬会社でノルマやめたのって、うちがはじめてらしいな。

木下：へえ、そうなんですか。

山下：ん、結局、ノルマがなくても、うちの社員はちゃんと働くしな。

木下：そうですよね。みんな、よく働いてますから。

山下：うん。ま、ノルマがあると、残業をする社員が多くなって、結局、その分、会社も残業代払わないといけないし、社員の健康にも悪いし、どっちにとってもあんまりよくないってことなんだろうな。

木下：そうなんでしょうね。

山下：まあ、がんばってくれよ。

木下：ええ、ありがとうございます。

●94

④久美子：ねえ、私と同じ年に入社した山口君知ってるでしょ？

夫：ああ、あのおやじみたいなやつな。

久美子：そうそう。彼、今度、課長に昇進したんだよ。仕事できないくせに。

夫：ふうん。

久美子：山口君って、難しい仕事があると、いっつも私にふって来るんだから、彼には、**ほんと、まいってるのよ。**

夫：ま、そういうやつもいるよ。

久美子：**私のほうが山口君より仕事できるのにさ、女だからってずっと昇進もないし、ほんとに腹が立つ。**

夫：でも、久美子は、事務で雇われたんだから、昇進ないのは、はじめからわかって
　　たことだろ。

久美子：じゃ、仕事はコピーとか事務の仕事だけにしてほしいわ。他の会社との交渉とか、
　　　　営業とか、そういう仕事もしてるのに。

夫：ふうん。じゃ、そんなに文句あるんだったら、会社辞めればいいじゃん。

久美子：なんでいつも、そうなるの？　わたしは辞めるつもりないって言ってるでしょ。

夫：はいはい。

95

⑤裕子：あああ。わたしたち、いつまでコピーとお茶くみなんだろ。

香里：そうですよね。このまま給料も上がんないですしね。

裕子：ほんと、フリーターの方がいいかなって、最近思ってるんだけど。

香里：でも、保険とか年金とかはないですよ。

裕子：けどね、給料安くて時間の融通が利かないんだったら、フリーターの方がよっぽどい
　　　いかなって。自由だし、年金だって、将来、ほんとにもらえるかどうかわかんないし。

香里：そうですよね。わたしたちみたいな安い給料だったら、フリーターの方が気楽でいい
　　　かもしれないですよね。

裕子：そうだよ。あああ、**こんなんだったら、就職しなかったほうがよかったかもしんない。**

香里：でも、この会社に入んなかったら、裕子さん、杉原さんに会えなかったんですよ。

裕子：あ、そうだね。それに関しては、会社に感謝しないといけないよね。

香里：そうですよ。あああ、私にはいつ王子様がやってくるんだろ？

裕子：そのうち、きっとやってくるよ。香里ちゃんなら、大丈夫。

香里：そうですかあ。

裕子：うん。

【 聞きとり練習 Ⅱ 】

96

①面接官：前の会社を辞めて、ここに応募した理由を簡単に話していただけますか。

男性：はい。一番の理由は、チャレンジしたかったということです。ええ、前の会社は、
　　　業績も悪くなく、システムもしっかりしていたんですが、でも、若い社員が挑戦
　　　できる場所がありませんでした。なんていうか、上から言われたことをすれば、
　　　それでいいという雰囲気だったので、仕事は楽でしたが、あまりやりがいを感じ
　　　ることができませんでした。それで、もっと自分の力を試せる会社で働きたいと
　　　思い、御社に応募いたしました。

97

②面接官：それでは、大学時代にがんばったことと、この会社でどんなことをしたいと考えて
　　　　　いるか、話していただけますか。

学生：はい。私は大学では美術学部の建築科に在籍してるので、住宅の設計やデザイン

に大変興味をもってます。えっと、それで、夏休みかなんかには、海外のいろんな町に出かけ、その国の伝統的な建物や目についたおもしろい建物を写真に収めたりしてました。たぶん、10カ国以上は行ったと思うんですけど、すごく勉強になりました。で、ええっと、会社でしたいことですが、御社は注文住宅を専門にしておられるということで、ユーザーさんのご希望にあって、斬新なアイデアのつまった家をデザインできればと思ってます。はい。

98

③教員：はい、それじゃ、あの、吉田さん、お願いします。

　吉田：はい。ええと、はじめまして。吉田です。私が卒業したのは一昨年なので、2年先輩ということになるのかな。私もみなさんと同じ頃は就職活動でとても忙しかったことを覚えてます。えっと、私が就職した「ヤナギサワ」は、紳士服を主に扱ってます。で、私は東京本社に勤務してるんですけど、あ、だいたい新入社員は東京に配属されるんですよ。うちは、あんまり上下関係も厳しくないし、自由な社風なんですが、特に、東京の雰囲気はいいですよ。誰もが自由に意見を言えるし。ううん、それから、これは、あんまり大きな声で言えないんだけど、休みがこの業種では、取りやすい会社だと思うんですよ。やっぱ、こういうことって、みなさん気になりますよね。で、あと、それから、あの…。

【 ポイントリスニング 】

99

① 上司は厳しいんだけど、いろいろなことを教えてくれるんで、とっても勉強になります。

② 今の会社は人間関係にも恵まれてて、居心地いいよ。

③ 残業さえなければ、今の仕事に不満はないんだけどなあ。

④ 別の会社に入ったほうがよかったかもしれないなあって思ってるんです。

⑤ 職場の雰囲気はけっこういいんです。みんな親切だし、仕事に責任を持ってるって感じなんです。

⑥ うちの会社の給料には、ほんとまいるよ。こんなに働いてるんだから、もっと上げてくれって言いたいよ。

⑦ あの時、会社をやめないでおいて、本当によかった。

⑧ あまり文句のつけようがないですね。やりがいもあって、給料も悪くないですし。

第1課

【 聞き取り練習 Ⅰ 】

▶スキット①

塾	학원	私塾	escola complementar	a cram school
(〜に)戻る	돌아오다	回来	retornar	to return
直接	직접	直接	diretamente	directly
用事	볼일	事	compromisso	an engagement

▶スキット②

印刷	인쇄	印刷（厂）	gráfica	a print house
出版	출판	出版（社）	editora	a publisher
席を外す	자리를 뜨다	(现在)不在(办公室)	não se encontra	to leave one's seat
用件	용건	事情	assunto	business
部数	부수	部数，册数	quantidade para editar	the number of copies
変更	변경	変更	mudança	a change
念のため	틀림없겠지만 좀더 확실히 하기 위해	为了慎重起见	por via das dúvidas	(just) in case

▶スキット③

夜分	밤중	夜间	tarde da noite	night
まいったなあ	아 어쩌지	这可糟了！	e agora! (expressão de espanto)	I am in trouble.
(〜に)連絡を取る	(〜와)연락을 취하다	跟〜取得联系	entrar em contato	to make contact with
携帯	휴대폰	手机	aparelho celular	a cellular phone

▶スキット④

昨夜	어젯밤	昨天晚上	ontem a noite	last night
担任	담임	班主任	(professor) responsável	a homeroom teacher

▶スキット⑤

(杉本)産業	(스기모토) 산업	(杉本)产业	empresa (Suguimoto)	(Sugimoto) Industry
経理	경리	会计（科）	contabilidade	the accounts department
家の者	가족	家属	é da família, sou um parente	a family member

▶スキット⑥

ご在宅	재택	在家	O estar em casa (Go: forma polida)	to be at home
締め切り	마감	截止	prazo de entrega	a deadline
(電話を)かわる	전화를 바꾸다	那让〜来接电话	passar (o telefone)	to put somebody on

【 聞き取り練習 Ⅱ 】

▶スキット①

発信音	발신음	信号声	sinal	a tone
用件	용건	事情	assunto	a message
留守電 （＝留守番電話）	자동응답기	自动录音电话	secretária eletrônica	an answering machine

▶スキット②

折り返し(電話する)	회답하는모양으로 즉시 전화하다	立即（回电话）	retornar (a ligação)	to get back to you
そっけない	쌀쌀맞다	冷淡	seco, frio, brusco, rúspido	cold, blunt, curt

▶スキット③

当社	당사	本公司	nossa empresa	this (our) company
営業時間	영업시간	营业时间	horário de funcionamento	business hours
配達	배달	送	entrega	delivery
伝票番号	전표번호	传票号码	número da fatura	the order number

▶スキット④

花火	불꽃	焰火	fogos de artifício	fireworks

▶スキット⑤

(〜に)合格する	합격하다	考上	ser aprovado	to pass an exam
ごちそう	진수성찬	好菜，好吃的	banquete	a feast
(〜を)期待する	기대하다	期待	expectativa (esperança)	to look forward

▶スキット⑥

外出する	외출하다	外出	sair (ficar ausente)	to go out
チェックイン	체크인	(在机场)办理搭乗手续	instalar-se (no), a (hora de) entrada no hotel, aeroplano	check in
留守中	부재중	不在家期间	(estar) ausente, a ausência	during one's absence

第 2 課
【 聞き取り練習 Ⅰ 】
▶スキット①

フラワーアレンジメント	플라워랜지먼트	插花艺术	arranjos florais	flower arrangement
(〜が)落ち着く	안정되다	心情平和	descontrair, acalmar	to feel relaxed
(〜と)話が合う	말이 잘 통하다	谈得来	a conversa bate (quadrar (dar, ir-se) bem com o clima)	to have something in common to talk about
同年代	동년대	同龄人	a mesma faixa etária	around the same age
陶芸	도자기 공예 (도예)	陶瓷工艺	artesanato	pottery

▶スキット②

フラメンコ	플라멩코	安达鲁西亚舞(西班牙民间舞)	flamengo (dança)	flamenco
発表会	발표회	演出	apresentação	presentations
本格的	본격적	地道的	sério, genuíno, autêntico, verdadeiro	professional
価値がある	가치가 있다	值得	vale a pena (alto valor)	worth (doing)
(〜を)半分持つ	반 부담하다	出一半	pago metade (do valor)	to pay half

▶スキット③

京料理	쿄토요리	京都菜	prato típico de Kyoto	Kyoto Cuisine
忘年会	망년회	忘年会	A festa (reunião social) de despedida do ano velho	a year-end party
(〜の)都合に合わせる	사정에 맞추다	就〜的时间	conforme a (sua) conveniência, comodidade	to accommodate according to someone else's schedule

▶スキット④

化粧を落とす	화장을 지우다	卸妆	tirar a maquiagem	to remove one's make-up
(〜が)濡れる	젖다	湿	molhado, úmido	to become wet
邪魔くさい	귀찮다	麻烦	trabalhoso, incômodo, complicado	troublesome, bothersome
(〜を)断る	거절하다	拒绝	recusar, rejeitar	to decline, to turn down

▶スキット⑤

中央区	중앙구	中央区	bairro central (nome de lugar)	Chuuoo Ward
国際結婚	국제결혼	国际婚姻	casamento com um cônjuge de outro país	international marriage
日頃	평소	平时	da rotina	usually
頭文字	머릿글자	第一个字母	iniciais	the initial letter
集まり	모임	聚会	reunião	a meeting
(〜に)参加する	참가하다	参加	participar, unir-se, fazer parte	to participate

【 聞き取り練習 Ⅱ 】
▶スキット①

たまに	가끔	偶尔	de vez em quando	occasionally
あこがれ	동경하는	仰慕	sentir-se encantado, atraido por alguém ou algo	infatuation
内心	내심	内心	por dentro, no coração, lá no íntimo, "falando sinceramente..."	in one's heart
やったぞ	해냈다	太好了	consegui! (objetivo alcançado)	I did it!, hurray

▶スキット②

しょっちゅう	늘	经常	sempre, com grande frequência	always, all the time
一杯	한잔	(喝上) 一杯	(beber) um copo	(to have) a drink
頻繁	빈번	频繁	freqüente	frequently
文句	불평	牢骚	reclamação	complaint
しぶしぶ(〜する)	마지못해 (〜하다)	勉勉强强	com amargor	reluctantly

▶スキット③

気が向く	기분이 내키다	乐意	quando se sentir na/com disposição	to feel like (it)
しつこく(〜する)	집요하게 (〜하다)	纠缠不休	persistente, insistente, teimoso	persistently
丁重に	정중히	郑重地	ser polido, cortês, respeitoso	politely
(〜を)あきらめる	포기하다	死心	desistir	to give up
(〜が)すっきりする	상쾌하다	痛快	(sentir-se) bem, fresco, claro, preciso. sem ambiguidade	to have a weight lifted from my shoulder

第3課

【 聞き取り練習 Ⅰ 】

▶スキット①

兄貴	형	哥哥（随便，亲昵的称呼）	irmão mais velho	an older brother
(〜を)こする	부딪히다	摩擦	esfregar (riscar)	to scratch
(〜に)傷がつく	흠집이 나다	有瑕疵	riscar	to have a scratch
(〜が)へこむ	움푹패다	凹下	amassar (afundou a lataria)	to be dented
事故る (=事故をおこす)	사고나다	出事故	acidentar	to cause an accident
(〜を)満タンにする	탱크 가득히 채우다	把油箱灌满	encher o tanque	to fill up the tank

▶スキット②

出産する	출산하다	生孩子	parto (nascer)	to be expecting
育児休暇	육아휴가	产假	licença pós natal	parental leave
休職	휴직	（暂时）停职	férias	leave of absence
前例	전례	先例	exemplos anteriores	a precedent
制度	제도	制度	o acordo, os estatútos (as regras) da associação	policy

▶スキット③

プレゼン (=プレゼンテーション)	플레젠테이션	方案	apresentação, demonstração	presentation
添付	첨부	附件	anexo (de arquivo)	attachment
(〜が)文字化けする	문자가 깨지다	乱码	problema no qual os caracteres ficam ilegíveis	letters got scrambled

▶スキット④

改まって	격식을 차린	一本正经	corrigir, reformar (o caráter)	(Why) the formality (all of a sudden?)
(〜が)当たる	맞다	猜中	acertar	to be (half) correct
受験	수험	应考	prova, avaliação para admissão escolar	an entrance examination
(〜に)身を入れる	열심히 하다	努力	empenhar-se	to concentrate one's efforts on

▶スキット⑤

返却日	반환일	归还日期	prazo (dia) de devolução	the due date
院生	원생	研究生	estudante de pós-graduação	a graduate student
手続き	수속	手续	os trâmites, processos	procedures
引き続き(〜する)	계속해서(〜하다)	继续	a seguir, em seguida	continuously
閲覧	열람	阅览	a leitura, ler, consultar (livros)	(for) reference

【 聞き取り練習 Ⅱ 】

▶スキット①

新入社員	신입사원	新职员	novo funcionário	a new recruit
入社	입사	进公司	admissão (em empresa)	to join a company
有休	유급 휴가	有薪（休假）	féria remunerada	a paid holiday
常識はずれ	상식을 벗어난	不合常情	a falta de bom senso	to have no common sense

▶スキット②

時代	시대	时代	época	time, date
研修旅行	연수여행	研修旅行（单位组织的带有学习性质的旅行）	a viagem de estudo (estágio)	trip for professional training
(〜に)目くじらたてる	흠을 잡다	吹毛求疵	ficar bravo (fazer feição brava)	to raise one's eyebrows

▶スキット③

(〜を)抜ける	(을)빠져나가다	溜走	sair, ausentar-se (de algum lugar)	to leave
資格	자격	资格	licença	certificate, license

第4課

【 聞き取り練習Ⅰ 】

▶スキット①

停車	정차	停车	parada momentânea	stop, halt
壁	벽	墙	parede	wall
在来線	재래선	（与新干线相对应的）原有的铁路线	o antigo sistema de ferrovia (em relação ao Shinkansen)	local rail lines

▶スキット②

踏切	건널목	道口	a passagem de nível (da linha do trem)	railroad crossing
衝突事故	충돌사고	撞车事故	acidente (batida) de carro	collision accident

▶スキット③

車輪	차륜	车轮	roda	wheel
故障	고장	故障	defeito, problema mecânico	a trouble, a mechanical trouble
修理	수리	修理	conserto	repair

▶スキット④

終点	종점	终点（站）	ponto final	terminal
(〜が)順調に行く	순조롭게 가다	顺利	ir sem problemas	to run well, to go on wheels
影響で	영향으로	由于〜的影响	influência, efeito	affected
高速道路	고속도로	高速公路	auto-estrada	expressway, highway
一車線	일차선	单车道	faixa (pista) única (de trânsito)	one lane

▶スキット⑤

制限速度	제한속도	限制速度	limite de velocidade	the speed limit
おしっこ	소변	小便	urinar (criança querendo fazer xixi)	pee
(〜を)我慢する	참다	忍	aguentar	to hold (it)
休憩する	휴식을 취하다	休息	intervalo de descanso	to have a rest, to have a break
パーキングエリア	휴게소	停车区域	Área de estacionamento (de auto-estrada)	parking area, service area

【 聞き取り練習Ⅱ 】

▶スキット①

高速道路	고속도로	高速公路	a auto-estrada	expressway, highway
一車線	일차선	单车道	pista única	one lane

▶スキット②

(〜が)ダウンする	다운되다	死机了（指电脑转不动了）	bug de computador, problema	to be down

▶スキット③

人身事故	인신사고	人身事故	acidente envolvendo (provocou machucado à...) pessoa física	an accident involving death or injury
(〜が)あふれる	(〜이)넘치다(붐비다)	挤满	encher, estar transbordando	to be flooded with
打ち合わせ	협의	协商, 碰头	reunião para discutir acertos	staff meeting
(〜の)時間をずらす	시간을 늦추다	错开时间	mudar o horário	to delay, to postpone

▶スキット④

デマ	헛소문	谣言	boato	false rumor, groundless rumor
ストする	파업 하다	罢工	greve	to go on strike
(〜を)チェックする	첵크하다	检验, 检查	checar	to check

第5課

【 聞き取り練習Ⅰ 】

▶スキット①

はんこ	도장	图章	carimbo	one's seal
急ぎ	급한	急用	pressa	hurried, hasty
(〜を)おごる	한턱 내다	请客	o convidar, o pagar para outra pessoa (bebida, comida)	to treat sb to sth
さりげなく(〜する)	아무렇지도 않은 듯	装做无意的样子	(falar com um ar) natural, inocente	secretly, covertly
(〜に)恩にきる	은혜를 입다	感恩	o agradecimento, a gratidão, o reconhecimento	to be indebted to sb

▶スキット②

(〜が)そろう	모이다	到齐	juntar, igualar	to assemble, to gather
笑顔	웃는 얼굴	笑脸	sorriso (feição de alegria, felicidade)	a smiling face
厨房	주방	厨房	cozinha de restaurante, hotel	a kitchen
(〜に)こころがける	(〜에) 주의하다	注意	ficar atento	to try, to make efforts to
連絡事項	연락사항	联系事项	itens de comunicado	something to report

▶スキット③

車検	차량검사	车检	inspeção das condições do automóvel	a car inspection
(昼に) 上がる	정오경에 끝나다	(中午) 完成	ficar pronto (no período do dia)	to be finished (around noon)
なんとかなる	(안되는 일이) 어떻게 되다	有办法	não há-de haver problema. No final dará tudo certo.	there is something that can be done
代車	대차	代用的汽车	carro substituto	a rental car
(〜を)承知する	알아듣다	知道了	o consentimento, a concordância	to understand

▶スキット④

(〜が)はかどる	(〜이)진척되다	(〜) 进展顺利	rendimento (o estudo esta rendendo...)	to make good progress in
(〜に)行きっぱなし	(〜에)가 있는(그 상태가 계속된다는 뜻)	一个劲地去〜	indo várias vezes, constantemente	to be gone for good
食べ物にあたる	먹은 것이 채하다	食物中毒	ingeriu alimento que fez mal	to eat food which disagrees with sb
食中毒	식중독	食物中毒	envenenamento através de alimento	food poisoning

▶スキット⑤

提出	제출	提交	entrega (de documentos)	submition
教務課	교무과	教务科	divisão de ensino	the educational affairs section
企業	기업	企业	empresa	an enterprise, a company
海外進出	해외진출	打入国际市场	entrada no mercado exterior	starting up activities overseas
書式	서식	格式	a forma, o (modelo de) formulário	a format
(〜を)引用する	인용하다	引用	citar, fazer uma citação	to quote
(〜を)明記する	명기하다	标明	escrever claramente	to state clearly

【 聞き取り練習 Ⅱ 】

▶ナレーション

団地	단지	住宅区	o bairro (complexo) habitacional	an apartment complex
人間関係	인간관계	人际关系	correlação social entre as pessoas	social relations
(〜を)頼りにする	의지하다	依靠	a confiança, a dependência	to rely on, to count on

▶スキット①

(〜に)頼む	부탁하다	求	pedir, incumbir	to ask sb to do sth
お隣さん	옆집 사람	邻居	o vizinho	a neighbor
共働き	맞벌이	双职工	família onde marido e mulher trabalham fora	dual income
特売	특매 (특별히 싸게 팖)	特价出售	venda em promoção	(on) sale

▶スキット②

持ちつ持たれつ	서로 도움을 주고 받는	我帮你，你帮我	depender mútuamente mas com moderação	a give-and-take relationship
(子供を)預かる	(〜을) 맡다	(替人) 照看	deixar ao cuidado, confiar	to baby-sit
気軽に	선뜻 (사물에 구애치 않는 모양)	爽快地	sem compromisso	without reserve
お互い様	피차일반	彼此彼此	o mútuo, recíproco	We should help each other when we are in need.

▶スキット③

つきあい	교제	交往	relação social	to be close with/to sb
宅配	택배	送货 (到家)	entrega de encomenda à domicílio	home delivery
おせち	설날 음식	年饭 (过年吃的美味佳肴)	o prato do (servido no) Ano novo	festive food for the New Year

第6課

【聞き取り練習Ⅰ】

▶スキット①

いったい	도대체	究竟	Mas afinal de contas! (com ar de grande desconfiança e inpaciência)	in the world, on earth
事情	사정	情況	a circunstância, a condição, a situação	situation, condition
ちゃんと	정확하게	好好儿地	devidamente	properly
特急	특급	特快	expresso, em alta velocidade	superexpress
到着駅	도착역	到达站	a estação de chegada	the arrival station
払い戻し	정산	退还	devolução de dinheiro	refund

▶スキット②

ウエストポーチ	웨이스트 포치(허리에 차는 지갑)	腰包	apolchete	waist pouch/bag
内ポケット	안포켓	衣服里边的口袋	bolso de dentro	inner pocket
スリ	소매치기	扒手	trombadinha (ladrão)	pickpocket
うわさ	소문	传说	boato	rumor
(〜に)届ける	(〜에)신고하다	报(警)	(nesse caso) dar queixa	to report
不幸中の幸い	불행중 다행	不幸中的万幸	o "foi o que se salvou", o "ainda bem que..."	Fortunate that 〜

▶スキット③

洗面所	세면장	盥洗室	o lavatório (balneário)	the wash area
お湯の出が悪い	뜨거운 물이 잘 안 나오다	热水管有毛病	a água quente não sai direito	Hot water really does not run.

▶スキット④

リムジンバス	리무진버스	班车	ônibus de luxo	limousine
俺	나 (주로 남자가 동료나 아랫사람에게 씀)	我（只限于男性使用）	Eu (usado apenas no masculino com pessoas íntimas)	I (used by men)

▶スキット⑤

免税店	면세점	免税店	Lojas com insenção fiscal	duty-free shop
搭乗	탑승	登机	embarque (no avião)	boarding
機内	기내	飞机内	dentro do avião	on the plane

▶スキット⑥

引き換え	교환	换	troca	picking up, I'm here to pick up my ticket, please.
控え	부본 (기록)	留底儿	canhoto, segunda via, anotação	a receipt
仮	임시	临时	provisório	temporary
(〜を)発行する	발행하다	发售	emitir	to issue

【聞き取り練習Ⅱ】

▶スキット①

わざわざ	일부러	特意	de propósito, intencionalmente, especialmente	taking trouble, going out of the way
子連れ	어린이동반	带着孩子	acompanhado de criança	someone with a child
生ぬるい	미지근하다	（菜)不热	morno	cold, lukewarm
にこりとする	조금 웃는 모양	微微一笑	sorrir	to smile
さっさと	지체하지 않고	赶紧	rapidamente, apressadamente, imediatamente	quickly
応対	응대	接待	atendimento	service

▶スキット②

細かい	사소하다	细小的	detalhamente, pormenorizado, minucioso	trivial
いちいち	일일이	一一	um por um	everything, one by one
予約席	예약석	预订的座位	mesa reservada	reserved seat
態度	태도	态度	a atitude, postura ou maneira de ser	attitude

▶スキット③

タカビーな (＝高飛車な)	고압적인	盛気凌人	a arrogância, a prepotência,	overbearing, haughty
(〜を)にらむ	쏘아보다	瞪	lançar olhar penetrante que intimida outra pessoa (causar medo)	to stare
台無し	엉망이 됨	搅和了，弄糟	o estragar, botar tudo à água abaixo	spoil, ruin

第7課

【 聞き取り練習 Ⅰ 】

▶スキット①

田舎	시골	乡下	o interior, a cidade pacata	countryside
自然に触れる	자연에 접하다	接触大自然	conviver de perto com a natureza	to be with mother nature
たくましい	씩씩하다	健壮	forte, valente, corajoso	strong, tough
積極的な	적극적으로	积极	o ser positivo, ativo	active, positive

▶スキット②

鋭い	예리한	尖锐	penetrante, aguçado, apurado, perspicaz	(a) pointed (comment)
冷や汗	식은 땀	冷汗	suar frio, sentir-se intimidado	cold sweat
上出来	성과가 훌륭함	做得很好	trabalho bem executado, acima da expectativa	well done
打ち上げコンパ	일의 마감을 축하하는 연회	〜结束时开的联欢会	jantar ou pequena festa realizada para despedida	a party to celebrate the completion of a project
エスニック	에스닉	民族风味菜	étnico, racial, relativo à seita (africana, asiatica, sul americana)	ethnic (food)
定番	유행에 상관없이 꾸준히 잘 팔리는 상품	固定	o mais famoso, o "tradicional", o insubstituível	conventional

▶スキット③

企画会議	기획회의	企划会议	reunião que trata de assuntos planejamantais	project meeting
売り上げ	매상	销售额	vendas alcançadas	sales
消費者	소비자	消费者	consumidor	consumer
商品モニター	상품모니터	试用商品的顾客	consumidor teste, piloto teste de um produto	monitoring goods
ターゲット	타겟	目标	alvo	target
生の声	간접적인 매채 등을 통하지 않고 직접 의견을 듣다	(顾客的)反应	a vóz direta (do consumidor)	(to hear) one's opinion in person
具体的な	구체적인	具体的	de forma mais concreta, direta	specific, concrete

▶スキット④

取り柄	장점	优点	o ponto bom ou positivo	an asset
歩道	보도	人行道	calçada	sidewalk, pavement
通学路	통학로	(学生)上学道	passagem (caminho) para ir ou voltar da escola	school zone

▶スキット⑤

有力候補	유력후보	最理想的（地段）	candidato favorito	strong candidate
(〜と)競合する	경합하다	竞争	competir, concorrer	to compete
ターゲット	타겟	目标	alvo	target
客層	손님층	顾客层	classe consumidora	customer
コスト	코스트	成本	custos	cost
(〜を)抑える	억제하다	控制	conter, reprimir (custos, etc)	to lower
魅力	매력	魅力	o atrativo, o que chama atenção	appeal
運送コスト	운송코스트	运输成本	custo de transporte (de carga)	freight cost
出足が鈍い	첫 스타트가 순조롭지 못하다	顾客不多	o pouco movimento	to get off to a bad start
(〜を)検討する	검토하다	研究	analisar, pensar, examinar	to consider

【 聞き取り練習 Ⅱ 】

▶スキット①

消費量	소비량	消费量	quantidade de consumo	consumption
裏紙	뒷면	印刷物的背面（指没印字的一面）	verso da folha (papel)	backside of a paper
ごちゃまぜ	뒤죽박죽	杂乱无章	misturado (sentido de bagunça, desordem)	to be mixed up
評判	평판	评价	fama, reputação, o considerado como...	feedback

▶スキット②

コーヒーサーバー	커피 서버 (회사용 커피메이커)	咖啡壶	cafeteira	coffee machine
流し	싱크대	洗碗池	pia (da cozinha)	sink
（～に）ひんしゅくを買う	빈축을 사다	惹人讨厌	o desagrado	to be frowned at
意識	의식	意识	a consciência, os sentidos	awareness

▶スキット③

海岸	해안	海岸	praia, litoral	seaside, beach
（～が）ボツになる	백지화되다	没被采用	dar errado, fracassar	to be turned down
宣伝効果	선전효과	宣传效果	efeito de propaganda	effect on public relations

第8課

【 聞き取り練習 Ⅰ 】

▶スキット①

内心	내심	心里	por dentro, no coração, lá no íntimo, "falando sinceramente..."	inside, in one's heart
えらそう	잘난척 하다	看上去很了不起的样子	se achar importante, achar-se melhor que os outros,	to have an air of importance
愚痴	불평	抱怨	queixa, resmungo, reclame	complaint
不景気	불경기	不景气	crise econômica	recession
正解	정답	对	acertar, tomar a decisão ou alternativa correta	good decision
（～を）決心する	결심하다	决心	decidir	to decide, to make up one's mind

▶スキット②

でっかい	큰	大	demasiadamente grande	huge
気楽な	홀가분한	自由自在	o bél prazer, o à vontade, o não fazer cerimônia	easygoing
フリーター	아르바이트로 생계를 유지하는 사람	自由职业者	trabalhador que pratica apenas serviço temporário	person who occasionally works
定職に就く	일정한 직업을 갖다	找到固定职业	se empregar mais estavelmente	to get a regular/full time job
（仕事を）ける	일을 거절하다	（把工作）蹬了	desistir facilmente do trabalho	to turn down (a job)

▶スキット③

営業	영업	营业（部）	departamento de representação ou vendas	sales department
人事	인사	人事（处）	departamento de RH	personnel department
威張る	거만하다	逞威风	ter nariz empinado, ser metido	to boast
頭(を)下げる	머리를 숙이다	鞠躬行礼	abaixar a cabeça, ser humilde	to do something humbly
ノルマ	책임량	指标	norma	one's assigned workload
製薬会社	제약회사	制药公司	empresa produtora de remédios	pharmaceutical company
残業	잔업	加班	hora extra	overtime work

▶スキット④

おやじ	중년풍의 남자를 칭하는 말	老头子	homem de meia idade (expressão com ar de deboche)	old man
昇進する	승진하다	晋升	ser promovido	to be promoted
（仕事を）ふる	일을 떠밀다	分派（工作）	repassar (o trabalho) a outra pessoa	to assign
（～に）まいる	질리다	受不了	sentir-se louco(a) (com grande insatisfação)	to be fed up

◆ 単語表 ◆

交渉	교섭	交涉	negociação	negotiation

▶スキット⑤

お茶くみ	차공급 담당	倒茶	fazer e servir chá	serving tea
年金	년금	退休金	aposentadoria	pension
融通が利く	융통성이 있다	灵活	flexibilidade, o adaptável	adaptable, flexible
(〜に)感謝する	감사하다	感谢	o sentimento de gratidão	to appreciate
王子様	왕자님	白马王子	o príncipe encantado	prince

【 聞き取り練習 II 】

▶スキット①

応募	응모	应聘	se inscrever, responder ao anúncio	application
業績	업적	(在工作,事业等方面的)成绩	resultado da empresa	achievement, record
挑戦	도전	挑战	desafio	challenge
やりがい	보람	(做〜的) 价值	motivação	challenging, worthwhile
御社	귀사	贵公司	a (vossa) empresa (forma polida de se referir a outra empresa)	your company

▶スキット②

美術	미술	美术	artes	art
建築科	건축과	建筑专业	curso de arquitetura	department of architecture
設計	설계	设计	projeto	plan, design
注文住宅	주문주택	根据客户要求建造住宅	moradia projetada conforme o pedido	custom-built house
斬新な	참신한	新颖的	inovador, com originalidade	fresh, original

▶スキット③

紳士服	신사복	男装	vestes formais	men's wear
扱う	취급하다	经营	o trabalhar com..., manusear	to deal with
(〜に)配属する	배속하다	分配	nomeação, ser destacado para	to assign
社風	사풍	社风	característica (clima) da empresa	corporate identity
業種	업종	行业	ramo de serviço	type of business

第1課

◆ こんなとき、どう言いますか

① 友人 / 待ち合わせの時間に遅れること

② 客 / 注文していたＣＤ

③ 友人 / 明日学校を休むこと

④ 病院 / 予約の取り消し

⑤ 取引先 / 新製品の価格

◆ 聞き取り練習Ⅰ

【問題1】

	(1) 誰と誰が	(2) 何について
①	カ	f
②	エ	e
③	ア	a
④	ウ	c
⑤	オ	d
⑥	イ	b

【問題2】（解答例）

① 伸介へ
山崎君から
メッセージ：
明日、山崎君は
サッカーを休みます。

②
From:みやこ出版 岸田様
To：神崎　様
Message:
注文していた本の印刷部数に変更あり。連絡がほしいとのこと。
Tel：029-852-7765

③ 伝言をしなくてもいい。

④ 中村先生へ
木村太一さんから
Message:
今日、熱で学校を休むとのこと。

⑤ ご主人様より
坂田様へ
Message：
携帯に電話をお願いします。

⑥ 伝言をしなくてもいい。

【問題3】＊他の表現の解答はありません。

	どのように言いましたか
①	帰ってきたら、こちらから電話させましょうか。
②	戻りましたら、神崎に電話をかけさせましょうか。
③	携帯に電話してみたら。
④	[解答はなし]
⑤	伝言をお伺いしましょうか。
⑥	もう少ししてから、もう一度お電話いただけますか。

◆ 聞き取り練習Ⅱ

【問題1】（解答例）

① すぐ女の人の携帯に電話をかける

② 男の人に電話をかける

③ 高橋さんにすぐ連絡する

④ 何もしなくてもいい

⑤ ごちそうの準備をする

⑥ 特に何もしなくてもいい / 何かあったらホテルに電話する

【問題2】

① b　② a　③ b　④ b　⑤ a　⑥ b

【問題3】（解答例）

① 相手がなかなか待ち合わせの場所に来ないので、いらいらしている

② 恋人の態度が冷たいので、心配している

③ 荷物が届かないので、怒っている

④ きれいな花火に感動している / 興奮している

⑤ 合格できて、うれしい / 興奮している

⑥ 今から旅行に行くので、どきどきしている / わくわくしている

◆ ポイントリスニング

① 今話している人

② 他の人(話している人の妻)

③ 他の人(聞いている人の夫)

④ 他の人(徹さん)　　⑤ 聞いている人

⑥ 今話している人　　⑦ 聞いている人

⑧ 他の人(高橋さん)

第2課

◆ こんなとき、どう言いますか

① 鈴木さんと相手 / 一緒に映画を見に行く

② 鈴木さん / 駅まで車で迎えに行く

③ 鈴木さん / 木村さんに電話をかける

④ 鈴木さんと相手 / 日曜日ドライブをする

⑤ 相手・鈴木さんと相手 / 遊園地に行く

◆ 聞き取り練習Ⅰ

【問題1】

	(1) 誰と誰が	(2) 何について
①	ア	e
②	ウ	c
③	ウ	d
④	イ	a
⑤	エ	b

【問題2】

① フラワーアレンジメントを一緒に習わないか、誘った（×）

② 妻のフラメンコの発表会に来ないか、誘った（？）

③ 京料理のお店に行かないか、誘った（？）

④ 今自分が飲んでいる店に来ないか、誘った（×）

⑤ 国際結婚を考える会に入らないか、誘った（？）

【問題3】

① c、f、g、k

② b、c、e

③ a、d、e

④ a、d、g

⑤ b、c、f、h、i

【問題4】 ＊他の表現の解答はありません。

	どのように言いましたか
①	尚子も一緒に習ってみない？　いやならいいんだけど。
②	もし、興味があれば、奥さんでも誘って、見に来てくれないかなって。
③	ともちゃんと、一緒に行きたいなって思って。
④	出てこれない？
⑤	あの、もしご興味がおありでしたら、ぜひ参加していただいて、ご一緒にお話でもできたら、って思うんですが。

◆ 聞き取り練習Ⅱ

【問題1】（解答例）

① 一緒に晩ご飯を食べに行く

② 仕事の後に飲みに行く

③ 一緒に食事に行く

【問題2】（解答例）

① 受けた / あこがれの先輩からのお誘いで先週一緒に晩ご飯を食べに行ったと言っているから

② 受けた / 上司だから断りづらくて誘われるとしぶしぶついて行くと言ってるから

③ 断った /「一緒に行くつもりはありません」とはっきり言ったから

【問題3】（解答例）

① うれしいと思っている

② 迷惑だと思っている

③ いやなときもあるが、全然誘われないとさびしいと思っている

◆ ポイントリスニング

① 受ける　② 断る　③ 断る

④ まだわからない　⑤ まだわからない

⑥ 断る　⑦ 受ける　⑧ 断る

第3課

◆ こんなとき、どう言いますか

①

	下田さんが待つ	相手が待つ
友人に	c	a
上司に	d	b

②

	加藤さんが借りる	相手が借りる
友人に	d	c
上司に	a	b

◆ 聞き取り練習Ⅰ

【問題1】

	(1) 誰と誰が	(2) 何について
①	エ	b
②	ア	e
③	イ	d
④	オ	c
⑤	ウ	a

【問題2】

① 車を借りる（○）

② 育児休暇を取る（？）

③ コンピュータを使う（○）

④ アルバイトをする（？）

⑤ 本を続けて借りる(○)、辞書を借りる(×)

【問題3】

① c

② a、d、f

③ b、c

④ a、c、f

⑤ b、c、f

【問題4】 ＊他の表現の解答はありません。

	どのように言いましたか
①	兄貴の車、使わせてもらってもいいかなあって。/ 明日だけだからさ、頼むよ。
②	育児休暇を取らせていただくっていうわけには。

③	悪いけど、山根さんのコンピュータ、ちょっとの間、使わせてもらってもかまわない？
④	アルバイトしたいんだけど、いいかなって。/ アルバイトしようと思ってんだけど、させてくれるよね？/ バイト、週一日だけでもいいから、してもいいよね。
⑤	続けて借るっていうのは、可能ですか。/ こっちの辞書なんですけど、これは借りられますか。

◆ 聞き取り練習Ⅱ

【問題1】

① 3日間有休を取ること

② 研修旅行に行かなくてもいいかどうか

③ 5時に会社を抜けること

【問題2】

① 許可をした

② 許可をした

③ 許可をした

【問題3】（解答例）

① 入社したばかりで有休を取ることは常識はずれだと思っている

② （みんなが参加する）研修旅行に参加しないのはよくないと思うが、時代が変わったのだから、仕方がないと思っている

③ よくがんばっているから、すばらしいと思っている

◆ ポイントリスニング

① まだわからない ② 許可をする

③ 許可をする ④ 許可をしない

⑤ 許可をする ⑥ まだわからない

⑦ 許可をしない ⑧ 許可をする

第4課

◆ こんなとき、どう言いますか

① ア）a　　　イ）b　　　ウ）a
② ア）b　　　イ）b　　　ウ）a
③ ア）b　　　イ）b　　　ウ）a
④ ア）a、b　　イ）a、b　　ウ）b
⑤ ア）a、b　　イ）a　　　ウ）b

◆ 聞き取り練習Ⅰ

【問題1】

	(1) 誰と誰が	(2) どこで
①	イ	d
②	ウ	c
③	エ	e
④	ウ	a
⑤	ア	b

【問題2】

① 名古屋の手前でトンネル事故があったから / 他から得た情報
② わからない / 話した人の考え
③ 飛行機の車輪に故障がみつかったから / 他から得た情報
④ 台風の影響で、高速道路の状態がよくなくて、一車線になっているところがあるから / 他から得た情報
⑤ 工事で制限速度が60キロになっているから / 他から得た情報

【問題3】

① b、d、f　　② b、c、f　　③ a、c、e
④ a、d、e　　⑤ a、c、e

【問題4】 ＊他の表現の解答はありません。

	どのように言いましたか
①	なんかトンネル事故だとかって、言ってましたけど。
②	今朝、この先の踏切のあたりで、車同士の衝突事故があったんですけど。/ もう3時間もたってるから、その事故のせいだけだとは思えないんですけどねえ。

③ 車輪に故障が見つかったんだって。/ 修理に、あと1時間ぐらいかかるみたいよ。
④ 昨日の台風の影響で、高速道路の状態がよくないとこがあって、それで、一車線になってるとこがあんですよ。
⑤ この辺、工事で制限速度60キロって書いてるから、それ守らないと。

◆ 聞き取り練習Ⅱ

【問題1】（解答例）

	何のために	どうやって知ったか
①	約束の時間に遅れることを伝えるため	高速道路が混んでいる
②	飛行機に乗れたかどうか知るため	テレビで見た
③	打ち合わせの時間をずらしてもらうため	駅のプラットホームに人があふれている
④	バスがストになるかもしれないことを伝えるため	誰かから聞いた

【問題2】（解答例）

① 時間が来たら、電話をかけた人を待たずに始める
② 大阪に着いたら、電話をかける
③ 打ち合わせの時間を1時間遅らせる
④ 来週の月曜日にバスがストになるかどうか確かめる

【問題3】（解答例）

① 電話をかけた人は、今、高速道路を走っているので、確実な情報だ
② テレビで見たから、確実な情報だ
③ ホームが混んでいる原因が人身事故かどうかはわからないが、遅れることは確実だ
④ デマかもわからないと言っているので、確実かどうかはわからない

◆ ポイントリスニング

①話している人が考えたこと ②確実に知っている情報
③確実に知っている情報　　④他から得た情報
⑤話している人が考えたこと ⑥他から得た情報
⑦話している人が考えたこと ⑧他から得た情報

第5課

◆ こんなとき、どう言いますか

① ア）d　イ）c　ウ）b　エ）a

② ア）b　イ）c　ウ）d　エ）a

◆ 聞き取り練習Ⅰ

【問題1】

	(1) 誰と誰が	(2) 何について
①	ウ	d
②	イ	c
③	エ	e
④	オ	a
⑤	ア	b

【問題2】

① 早く部長のはんこをもらうように依頼した（○）

② 仕事のしかたについて（元気よくあいさつをする、笑顔を忘れない、オーダーを大きい声で繰り返す、水の節水をするように）指示をした（○）

③ 車検の車を金曜の朝10時までに仕上げるように依頼した（×）

④ 経済学のハンドアウトを見せてくれるように依頼した（×）

⑤ レポートの提出方法について（A4で10枚ぐらい、書式は横35文字×縦40文字にする、引用するときは必ず本の題名とページを明記する、他の人の文章を写さない、7月20日12時までに教務課に提出する、電子メールでの提出はしないように）指示をした（○）

＊スキット②、⑤は、指示。指示の場合、指示された人が無言だと、承諾されたものと受け取られるから。

【問題3】

① b、c　② a、c　③a、d、e

④ b、c、f　⑤ b、d、f

【問題4】＊他の表現の解答はありません。

	どのように言いましたか
①	悪いんだけど、これ上の方に置いて早く部長のはんこ、もらえるようにしてくれないかな。／そこをなんとか頼むよ。

② 元気よくあいさつをする。／ニコニコ笑顔をわすれない。／お客さんのオーダーは大きい声で繰り返す。／注意すること。／水の節約にこころがけてください。／水を流しっぱなしにしないようにお願いしますよ。

③ 金曜日の朝、10時頃までに、なんとかなりませんか。

④ ハンドアウト見せてもらいたいなあって思ってたんだけど。

⑤ レポートのテーマですが、ふたつ出しますので、どちらか選んで書いてください。／A4サイズで、10枚程度でお願いします。／引用するときは、必ず本の題名とページを明記すること。／電子メールでの提出はしないようにお願いします。

◆ 聞き取り練習Ⅱ

【問題1】（解答例）

① 特売のトイレットペーパーを買っておくように頼まれた

② 子供を預かってくれるように頼まれた

③ 宅配の荷物を預かるように頼まれた

【問題2】

① 引き受けた　② 引き受けた　③ 引き受けた

【問題3】（解答例）

① いろいろなことを頼まれるので、頼まれることをいやだと思っている

② お互い頼んだり頼まれたりしているので、いいことだと思っている

③ もっとほかのこと（例えば、おせちの作り方を教えてほしい）も頼まれたらうれしいと思っている

◆ ポイントリスニング

① 指示　② 依頼　③ 指示　④ 依頼(指示)

⑤ 依頼　⑥ 依頼　⑦ 依頼　⑧ 指示

第6課

◆ こんなとき、どう言いますか

① ア （イントネーションによりイも）

② イ　③ イ　④ イ　⑤ ア　⑥ ア

⑦ ア、ウ （イントネーションによりイも）

◆ 聞き取り練習 I

【問題1】

	(1) 誰と誰が	(2) 何について
①	エ	c
②	カ	d
③	オ	e
④	イ	b
⑤	ア	a
⑥	ウ	f

【問題2】（解答例）

① 新幹線が来ない（？）

② すりにあった（×）

③ シャワーのお湯が出ない（○）

④ 友人が他人まかせで、何もしない（？）

⑤ 搭乗の時間なのに、上司が買い物をしようとする（？）

⑥ チケットの引き替えができない（○）

【問題3】

① a、d、f、i　② a、d、f　　③ b、c、e

④ b、c　　　　⑤ a、d　　　　⑥ b、c、f

【問題4】 ＊他の表現の解答はありません。

	どのように言いましたか
①	新幹線、いったいいつになったら、来るんだ。/いったいどうなってるんだ。
②	だから、財布はちゃんと背広の内側かウエストポーチの中に入れておいてって、言ってたのに。
③	まだ直ってないっていうのは、どういうことなんですか。
④	時間ぐらい聞いてきてくれてもいいじゃん。/ちょっとぐらい、お前もなんかしろよ。/せっかく海外旅行してるんだから自分でやらないと意味ないじゃん。/旅行前には少しは英語勉強したほうがいいって言っただろ。

| ⑤ | もう待てませんって。/もうそんな時間、1分もありませんって。/買い物なら機内ででもできるじゃないですか。 |
| ⑥ | 電話じゃ、今日大丈夫って聞いたんですけどね。/今日の午前中でも大丈夫だって言ったはずなんだけど。/今、もらえないと、困るんだけどね。 |

◆ 聞き取り練習 II

【問題1】（解答例）

① レストランのウェイターと隣の子連れの女性客

② 文句を言った男性客

③ 昨日、隣にいた男性客

【問題2】（解答例）

① レストランの応対がひどかったことについて（トイレの近くのうるさい場所に座らされた、料理が来るのが遅い、料理が生ぬるい、ウェイターの愛想がわるい）

② 昨日来た客がどうでもいい細かいことにいちいち文句を言ったことについて

③ レストランの隣の客がにらんだり、ウェイターにいろいろ文句を言ったことについて

【問題3】（解答例）

① ウェイターについて：もっと客を大切に扱うべきだと考えている
女性客について：子供をレストランに連れてくるべきではないし、連れてくるなら、もっと子供をおとなしくさせなければならないと思っている

② 男性客について：客だったら何をいってもいいわけではないと思っている

③ 男性客について：にらんだり文句を言ったりするべきではないと思っている

◆ ポイントリスニング

① 質問　② 文句　③ 質問　④ 文句

⑤ 文句　⑥ 質問　⑦ 文句　⑧ 文句

第7課

◆ こんなとき、どう言いますか

① ア）a. する　　　　b. しない

　イ）a. しない　　　　b. する

　ウ）a. しない　　　　b. する

　エ）a. する

　　　b. する・しない

　　　（イントネーションによって異なる）

② ア）b　　イ）b　　ウ）a

◆ 聞き取り練習Ⅰ

【問題1】

	(1) 誰と誰が	(2) 何について
①	ア	e
②	エ	c
③	イ	a
④	ウ	b
⑤	イ	d

【問題2】

① 息子を田舎で一ヶ月ホームステイさせる / 保留

② 打ち上げをタイ料理の店でする / 反対、打ち上げを「上海テーブル」でする / 賛成

③ 消費者の声を聞くためにターゲットのOLに集まってもらってアイデアを出してもらう / 保留

④ 歩道を作ってもらうために市役所に相談に行く / 賛成

⑤ 次の店を大崎の駅前に出す / 反対

【問題3】

① a、d、e　② b、c　　③ a、c、f

④ b、c、f　⑤ a、d、e

【問題4】　＊他の表現の解答はありません。

	どのように言いましたか
①	健を田舎で過ごさせようかなって思っているんだけど。/ あれなんかどうかなって思ってさ。

② あそこ、けっこういいと思うんですけど。先輩、どうですかねえ。/ ちょっと定番すぎるかもしれないけど、「上海テーブル」にしない？

③ いっそ、ターゲットになるOLに集まってもらって、アイデアを出してもらうような場を作ったらどうかと考えているんですが、いかがでしょうか。

④ それなら、市役所に行って相談してみるっていうのもいいかもしれませんね。/ 二人だけでっていうのもなんだから、近所の皆さんに声をかけてみましょうか。

⑤ 大崎の駅前が有力候補として挙げられるのではないかと考えております。

◆ 聞き取り練習Ⅱ

【問題1】

① コピーの裏紙をメモに使う / 両面コピーする

② 紙コップを使わず自分のカップを使う

③ 海岸のごみ拾いをする

【問題2】（解答例）

① ○ / 評判はよくない

② ○ / 女性社員からひんしゅくを買っている

③ × / 地味で宣伝効果がない

【問題3】（解答例）

① 忙しいので両面コピーをしたり、コピーの裏紙を使ったりするのはめんどうだ

② 使ったカップは女性社員が洗うだろうと思っている人がいるので、社員の意識の変化が必要だ

③ 海岸のごみ拾いは、地域の人に会社のことを知ってもらういい機会だ

◆ ポイントリスニング

① 提案をしている　　② 提案をしている

③ 提案に対する意見　④ 提案に対する意見

⑤ 提案に対する意見　⑥ 提案をしている

⑦ 提案に対する意見　⑧ 提案に対する意見

第8課

◆ こんなとき、どう言いますか

① ア）a. 不満　　　　　　b. 不満
　　イ）a. 不満　　　　　　b. 不満
　　ウ）a. 不満　　　　　　b. 満足
② ア）a. 後悔している　　b. 後悔していない
　　イ）a. 後悔している　　b. 後悔している
　　ウ）a. 後悔していない　b. 後悔している
　　エ）a. 後悔している　　b. 後悔している

◆ 聞き取り練習Ⅰ

【問題1】

	(1) 誰と誰が	(2) 何について
①	エ	c
②	ウ	b
③	イ	a
④	ア	d
⑤	イ	a

【問題2】

① みんな親切で人間関係がいい / 満足
② 男の人がフリーターであること / 不満
③ 営業の仕事がそんなに大変ではないこと / 満足
④ 昇進できないこと / 不満
⑤ コピーとお茶くみの仕事で給料もあがらないこと / 不満

【問題3】

① b、d　　②a、c　　③a、c
④ b、d、f　⑤b、c、e

【問題4】 ＊他の表現の解答はありません。

	どのように言いましたか
①	本当に、上司が最悪だったんだよね。/ 仕事できないくせに、えらそうにしてるし。/ 不景気でさあ、ボーナスもでなくなってたし。
②	本も多くってさ、もう重くて重くてまいっちゃったよ。/ 引っ越しの仕事はきついよ。

③	新しい薬を覚えたり、それを説明したりっていうのは、大変っちゃ大変なんですけど、ノルマがあるわけじゃないですし。
④	仕事できないくせに。/ 彼には、ほんと、まいってるのよ。/ 私のほうが山口君より仕事できるのにさ、女だからってずっと、昇進もないし、ほんとに腹が立つ。
⑤	給料安くて時間の融通が利かないんだったら、フリーターの方がよっぽどいいかなって。/ こんなんだったら、就職しなかったほうがよかったかもしんない。

◆ 聞き取り練習Ⅱ

【問題1】

① 転職のための面接の場面
② 就職のための面接の場面
③ 後輩に自分の会社を紹介している場面

【問題2】 （解答例）

① 仕事は楽だったが、やりがいがなかった
② 10カ国以上の国を旅行し、いろいろな国の建物を見たことが勉強になった
③ 上下関係も厳しくなく、誰もが自由に意見を言える自由な会社だ / 休みが取りやすいところもいい

【問題3】 （解答例）

① やる気がありそうなので、この人を自分の会社にやとってみたいと思う
② 仕事に対する好奇心があり、大学時代も興味があることについて、積極的に行動しているので、この人を自分の会社にやとってみたいと思う
③ 休みが取りやすそうなので、この会社に入りたいと思う

◆ ポイントリスニング

① 満足　　② 満足　　③ 不満　　④ 不満
⑤ 満足　　⑥ 不満　　⑦ 満足　　⑧ 満足

聞いて覚える話し方

日本語生中継

● 中〜上級編 ●

椙本 総子 ● 宮谷 敦美

目　次

CONTENTS

1

このテキストをお使いになる教師のみなさんへ

◇ このテキストの目的 ◇

　このテキストは、会話場面におけるリスニング能力を高め、場面に応じて適切に話す能力をつけることを目的に作られています。

　リスニングには、ニュースや講義、講演を聞くといった一方向のリスニングと、話し手と聞き手が交互に入れ替わる会話を聞くリスニングがあります。毎日の生活を振り返ると、私たちが行っているリスニング活動は、話すことと聞くことが同時に求められる会話場面でのリスニングが非常に多いことがわかります。その場合、聞き手と話し手が交替する過程で、相手が述べた情報を正確に聞き取り、相手の意図や感情を正しく理解した上で、次に自分の言いたいことを相手に誤解されることなく伝えることのできる能力が必要です。

　これまで、日本語教育の現場では、「聞く」「話す」というスキルをそれぞれ単独で(あるいは片方を集中的に)扱うことが多かったのではないかと思います。しかし「聞く」と「話す」が連動する活動であることを考えると、一方的に聞いて、その話題や内容が理解できているかを問う練習だけでは、「聞いて話す」能力を養うことが十分できません。

　そこで、このテキストには、話された情報を正確に理解するだけでなく、話し手の意図や感情も正しく理解できるような「聞く」練習があります。また、会話の相手や場所に応じてどのように「話す」のかも学べるように構成されています。

　このテキストのタイトル「日本語生中継」が物語っているように、現実の会話場面を再現した生き生きとした会話を素材にした話の聞き取りをすることで、表現のバリエーションの習得が可能になることでしょう。

◇ このテキストの特徴 ◇

1) 多様な人間関係と状況を設定したスキットを聞き取ることを通して、用いられる表現や話の流れが人間関係や話の場、話す内容によって異なることを理解し、**ポライトネス(人間関係や場面に応じた表現の使い分け)を意識化**させます。→「聞き取り練習Ⅰ」

2) 言語機能(依頼、許可、等)が用いられた場面を第三者に出来事として語るという「語り」の聞き取りをし、その語りから**話し手の発話意図や感情**を正しく理解する練習を取り入れています。→「聞き取り練習Ⅱ」

3) 各課の機能にもとづき、機能を用いた単文を聞き取り、その**表現意図が正しく理解**できているかを確かめる練習をします。単なる質問をしているのか、それとも文句を言っているのかなど、特にイントネーションによって表現意図が変わる場合の聞き取り練習ができます。→「ポイントリスニング」

4) **機能別の重要表現の解説と練習問題、ロールプレイ**を取り入れることにより、会話の中で「聞いて話す」**会話能力の養成**を目指します。→「重要表現」と「ロールプレイ」

◇ このテキストの対象となる学習者 ◇

この教材は次のような日本語学習者を対象にしています。

1) 日常の基本的な出来事については日本語で用を足すことができるが、自分の感情や意見を詳しく説明したり、相手によって話し方をうまくコントロールしたりすることができない中級以上の日本語学習者

2) 日本語に関する知識は豊富だが、日本社会で使われているような自然な日本語(特に、くだけた表現)に慣れていない上級レベルの日本語学習者

◇ このテキストの全体構成 ◇

このテキストは、課ごとに中心となる機能を設定しています。場面、内容、人間関係等によって、同じ機能であっても用いる表現や話の進め方が違うことを意識化させるために、いろいろな場面の会話を提示しています。

取りあげた機能は、以下の通りです。

第1課　伝言をする	第5課　依頼・指示する
第2課　勧誘する	第6課　文句を言う
第3課　許可を求める	第7課　提案する
第4課　情報を伝える	第8課　感想を述べる

これらのメインの機能の他に、この機能が用いられる会話場面で共に使われることが多いと考えられる機能を数種類取りあげました。

◇ 各課の構成 ◇

① こんなときどう言いますか

ウォーミングアップの部分です。まず、過去の経験を思い出したりして、課で取り上げている場面で自分がどのように行動するかを考えます。CD を聴く前に、会話の場面に関する知識を活性化させることが目的です。

また、それぞれの課で取り上げた機能表現のうち、初級や初中級段階で既に学んでいると考えられる表現を取りあげ、それらの表現が十分理解できているかどうかを確認します。

② 聞き取り練習 I

聞き取り練習 I は、「ダイアローグ」を聞くタスクです。聞き取り練習 I は、5～6のスキットがあり、それぞれ、登場人物の人間関係、話されている場面(公的なものか、プライベートなものか、等)が異なっています。

聞き取りタスクは次のような順序になっています。

問題1：場面や話している人たちの人間関係、話されているトピックを聞き取る。

問題2：話の結果(大まかな内容)について聞き取る。

問題3：細かい内容について聞き取る。

問題4：ある機能についてどのような表現が用いられているのか、表現のバリエーションを聞き取る。ただし、ここでは話された内容を一言一句もらさずディクテーションするのではなく、どんな表現が用いられたのかだけ聞き取れればいいとする。また、同じような場面で使える他の表現も考える。

　問題に取り組むときには、なぜそのような答えになるのかクラスで話し合ってください。場面に応じた表現を使うことを常に意識させることにより、相手や状況に応じてことばを使い分ける能力が養成されるでしょう。

③ 聞き取り練習Ⅱ

　聞き取り練習Ⅱは、「語り」の聞き取りが中心です。ここでは、課の機能に関わる出来事について第三者に経験として語っている話を聞き取ります。例えば、旅行先で苦情を述べたこととその顛末、そのときの気持ちを他の人に伝えるというような場面です。聞き取り練習Ⅱの設問には、内容についての聞き取りだけでなく、話し手の意図や感情を考える設問、その後の話し手の行動、あるいは聞き手が後にとるべき行動を学習者に考えさせる設問もあります。このような練習によって、話し手の意図や感情を正しく理解する力と自分の気持ちを正確に伝える力がつくことでしょう。

　　※ 聞き取り練習Ⅰと、聞き取り練習Ⅱには、単語リストがついています。また、別冊にこれらの単語
　　　の各国語訳(英語、中国語、韓国語、ポルトガル語)があります。

④ ポイントリスニング

　単文レベルの聞き取りタスクです。イントネーションの違いや表現の細かな違いによって、表現意図が異なってしまうものを中心に聞き取る練習を行います。

⑤ 機能別の重要表現

　ここでは、それぞれの課で取りあげた機能の重要表現とその使い方の解説、及び練習が提示されています。重要表現は 👕(Tシャツマーク) と 👔 (ネクタイマーク)にグループ分けされています。Tシャツマークは、友人と喫茶店で話すなど、カジュアルな場面で主に使う表現、ネクタイマークは会社で上司と話すなど、フォーマルな場面で主に使う表現であることを示しています。

　友人であれば必ず 👕 の表現が使われるわけではなく、会議などのフォーマルな場面では、👕 の表現は使いませんし、上司と話す場合でも、会社が終わってプライベートな場面では、それほどフォーマリティーの高い表現は要求されません。つまり、人間関係だけでなく、場面やトピックによってもどちらの表現を用いるのが適切かは異なるわけです。このテキストでは、大きく二つの場面 ―「👕」と「👔」― にわけ、表現を提示していますが、教室では適宜、補足説明を加える必要があります。補足説明に関する解説は、別売の教師用マニュアル(本体価格 800 円)に掲載してあります。

　また、各機能についての解説も、本冊にＱ＆Ａの形で載せてあります。

⑥ ロールプレイ

　最後にまとめとして、ロールプレイをして話す練習を行います。付属のCDでは、スキットの一部分のみを再生することが可能なものもあります。したがって、聞き取り練習Ⅰのスキットを途中まで聞かせ、会話の状況を確認した後、続きの会話を作り上げるという練習も可能です。このような練習を2種類提示しています。

　また、これ以外に、カジュアルな場面とフォーマルな場面のロールプレイタスクも提示しています。こちらについては、学習者が実際に遭遇するような場面になるよう、修正を加えて練習してください。

⑦ 別冊〈解答・スクリプト・単語リスト〉

　別冊の解答には、ウォーミングアップ、聞き取り練習Ⅰ、聞き取り練習Ⅱ、ポイントリスニングの解答が載せてあります。問題によっては、答えが一つではないものもありますので、目安としてお使いください。

　また、振り仮名つきのスクリプトと単語リストの各国語訳(英語、中国語、韓国語、ポルトガル語)もあります。

◇ 授業での使い方のヒント ◇

① リスニングとスピーキング能力、両方の能力の養成のために用いる場合

　「各課の構成について」に書いてある順序でこのテキストを用いると、「聞いて話す」能力をバランスよくつけることができます。1課の学習時間の目安は、180分程度です。

② リスニングに重点をおいた場合

　ウォーミングアップ、聞き取り練習Ⅰ、聞き取り練習Ⅱ、ポイントリスニングを行い、その後で、わからない表現がないか、重要表現を確認するという手順になります。1課の学習時間の目安は、120分程度です。

③ スピーキングに重点をおいた場合

　聞き取り練習Ⅰ、聞き取り練習Ⅱ、ポイントリスニングは、事前課題にします。教室では、聞き取り練習Ⅰのそれぞれのスキットの内容を、当事者ではない立場から他の人に語るという練習をすることも可能です。また、当事者として感想を付け加えながら話す練習もできます。このようにすれば、「語り」の練習ができます。

　聞き取り練習Ⅱについても、自分自身の感想を加えながら話の内容を語ってもらう練習を行うと、意見や感想を述べる練習ができます。

　その後、重要表現の解説をし、場面に応じた表現の使い分けについて練習した後、その課の機能を用いてロールプレイを行います。ロールプレイの内容については、学習者に考えてもらうなど、工夫すれば、授業がより生き生きとしたものになるでしょう。1課の学習時間の目安は、120分ぐらいになります。

④ ディスカッションのリソースとして

　このテキストで取り上げたトピックは、日本事情のトピックとして使えるものが数多くあります。聞き取りタスクから、ディスカッションに発展させることも可能です。(第2課「仕事の後のつきあい」、第3課「男性の育児休暇、中高生のアルバイト、若い世代の仕事に対する考え方」、第5課「近所づきあい」、第6課「苦情を言うか言わないか」、第7課「子どもを夏休みに田舎に住まわせること、環境問題」、第8課「転職、フリーター問題、残業、女性の昇進に関する問題、大学生の就職活動」など)

　別売の教師用マニュアル(本体価格800円)には、各課の教え方のポイントや重要表現の詳しい解説、教室活動のヒントを掲載してあります。こちらも参考にしていただければ幸いです。

このテキストをお使いになる学習者のみなさんへ

『日本語生中継』は、タイトルが示しているとおり、身近な場面で話されている日本語の会話をそのまま再現しました。

　上級クラスで日本語を学んだのに、日本人と自然な会話ができないと感じている人や、友達や先輩と居酒屋で話すとき、アルバイト先の店長と話すとき、面接のときなど、いろいろな会話の場面で、表現をどのように使い分ければいいかわからないと感じている学習者のみなさんに、ぜひ、使っていただきたいと考えています。

　このテキストは、クラスで使うことを前提に作りましたが、一人で学習することもできます。重要表現についての解説もありますし、単語には、英語訳、中国語訳、韓国語訳、ポルトガル語訳がついています。振り仮名がついたスクリプトもあります。ぜひ、チャレンジしてみてください。

1 「今、いないんですけど」―伝言―

> 留守番電話にメッセージを残す時、困ったことはありませんでしたか。

こんなとき、どう言いますか

①～⑥は、留守番電話に入っていた伝言です。誰に、何について、話していますか。

① 美保子です。ごめん。電車に乗り遅れちゃって。30分ほど遅れると思う。着く前にもう一回電話するね。

② あの、ビックミュージック山田店です。ご注文いただいたCDの件でお電話いたしました。また後ほどお電話させていただきます。

③ あのさ、風邪を引いたから、今日学校を休もうと思ってるんだけど。橋本先生に、風邪ですって言っといてもらえる？

⑤ インターナショナル商事の山本です。この間の新製品の価格の件で、お話ししたいんですが…。お帰りになりましたら、折り返しお電話いただけますでしょうか。

④ 明日の9時に予約してた中田です。申し訳ないんですが、急に行けなくなってしまいまして…。それで、予約を取り消していただきたいんですが。次の予約はこちらから電話いたします。突然どうもすみません。

① { 友人 ・ 上司 } に＿＿＿＿＿＿＿＿＿＿＿について電話をする。
② { 店 ・ 客 } に＿＿＿＿＿＿＿＿＿＿＿について電話をする。
③ { 友人 ・ 教師 } に＿＿＿＿＿＿＿＿＿＿＿について電話をする。
④ { 病院 ・ 同僚 } に＿＿＿＿＿＿＿＿＿＿＿について電話をする。
⑤ { 取引先 ・ 上司 } に＿＿＿＿＿＿＿＿＿＿＿について電話をする。

8

聞き取り練習　Ｉ

スキット1 ● 2	スキット3 ● 5	スキット5 ● 7
スキット2 ● 4	スキット4 ● 6	スキット6 ● 8

【問題１】 スキットを聞いて、(1)誰と誰が、(2)何について話しているか、下から当てはまる
ものを選んでください。

	(1)誰と誰が	(2)何について
①		
②		
③		
④		
⑤		
⑥		

(1) 誰と誰が話していますか。

　　ア．友人同士

　　イ．学生と教師の妻

　　ウ．母親と学校の職員

　　エ．会社員と取引先の会社員

　　オ．夫と妻の職場の人

　　カ．友人と友人の母親

(2) 何について話していますか。

　　a．ゼミの発表

　　b．レポート

　　c．今日欠席する

　　d．携帯に電話をかける

　　e．注文の本

　　f．サッカー

▶▶▶ 一度聞いて、わからなかった人は、次の言葉を確認してからもう一度聞きましょう。

① 塾	戻る	直接	用事			
② 印刷	出版	席を外す	用件	部数	変更	念のため
③ 夜分	まいったなあ		連絡を取る		携帯	
④ 昨夜	担任					
⑤ (杉本)産業		経理	家の者			
⑥ ご在宅		締め切り	(電話を)かわる			

【問題2】 もう一度、スキットを聞いて、伝言の用紙にメモを書いてください。伝言をしなくてもいいものもあります。

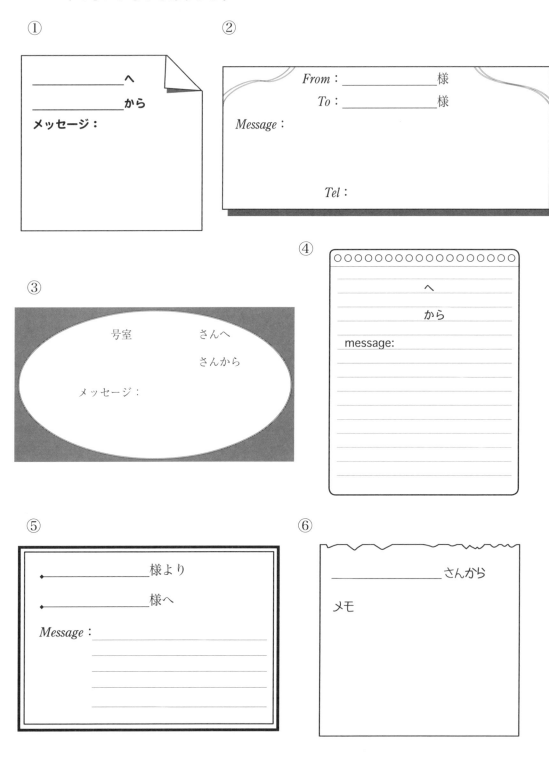

【問題3】 電話をかけた人が話をしたい相手は、今いません。そこで、電話を受けた人は、自分はどうすると申し出ましたか、または、電話をかけた人にどうすべきだと言いましたか。もう一度CDを聞いて、書いてください。また、他にどんな適切な表現があるか、クラスで話し合ってみましょう。

問い1 ⒸＣ3	問い3 ⒸＣ5	問い6 ⒸＣ9
問い2 ⒸＣ4	問い5 ⒸＣ7	

	どのように言いましたか	同じような相手と場面で 他にどんな言い方がありますか
①		
②		
③		
④	——————————	——————————
⑤		
⑥		

聞き取り練習　Ⅱ

スキット1 ⒸＣ10	スキット3 ⒸＣ12	スキット5 ⒸＣ14
スキット2 ⒸＣ11	スキット4 ⒸＣ13	スキット6 ⒸＣ15

【問題1】 留守番電話の伝言を聞いて、電話を受けた人が伝言を聞いた後、何をすべきか書いてください。何もしなくてもいいものもあります。

	すべきこと
①	
②	
③	
④	
⑤	
⑥	

▶▶▶ **一度聞いて、わからなかった人は、次の言葉を確認してからもう一度聞きましょう。**

① 発信音　用件　留守電	② 折り返し　そっけない
③ 当社　営業時間　配達　伝票番号	④ 花火
⑤ 合格する　ごちそう　期待する	⑥ 外出する　チェックイン　留守中

【問題2】 電話をかけた人は、どんな気持ちを伝えるために電話をしたのか、a. b. どちらか

選んでください。

① a. 今から、帰ることを伝えたい。

　 b. 早く約束の場所に来てほしい。

② a. 美佐子さんのことについて相談したい。

　 b. 美佐子さんが冷たいことを教えたい。

③ a. 昨日荷物が着かなかった理由を知りたい。

　 b. すぐに荷物を持ってきてもらいたい。

④ a. 花火の音が聞こえるかどうか確かめたい。

　 b. 花火がきれいだということを伝えたい。

⑤ a. 試験に合格したことを伝えたい。

　 b. 今日はごちそうが食べたい。

⑥ a. どんなお土産がほしいか聞きたい。

　 b. 無事チェックインができたことを伝えたい。

【問題3】 電話をかけた人は、どんな気持ちだと思いますか。クラスで話し合いましょう。

ポイントリスニング

ポイントリスニング 🎧 16

誰がこの電話の後に、次の電話をかけますか。✓を書いてください。

	①	②	③	④	⑤	⑥	⑦	⑧
今話している人								
聞いている人								
他の人								

☙ 重 要 表 現 ☙

伝言を頼む
でんごん たの

例

(1) 明日のサッカーのことなんですけど、ちょっと用事ができて、行けなくなっちゃったんで、それを、伸介君にお伝えいただけますか。 　(練I-① 友人の母親に)
しんすけくん つた ゆうじん ははおや

(2) あの、息子が昨夜から熱を出しまして、それで、学校を休ませようと思うんですが、担任の中村先生にお伝え願えますでしょうか。 　(練I-④ 学校の職員に)
むすこ さくや ねつ たんにん なかむら つた しょくいん

(3) じゃ、戻りましたら、携帯の方にすぐ電話するように言っていただけますか。
もど けいたい ほう 　(練I-⑤ 妻の同僚に)
つま どうりょう

A： 梅田さんに伝言お願いできるかな。
うめだ でんごん ねが

B： いいよ。

A₁： じゃ、ちょっと約束の時間に遅れますって伝えといて ｜ もらえる？
やくそく じかん おく つた ｜ もらえない？

A₂： じゃ、明日はもしかしたら行けなくなるかもしんないって言っといて ｜ くれる？
｜ くれない？

A₁： 伝言お願いできますか。
でんごん ねが

A₂： 伝言よろしいでしょうか。

B： ええ。

A₁： あの、明日までにはご注文の品物を届けますって、 ｜ お伝えいただけますか。
ちゅうもん しなもの とど ｜ お伝えいただけませんか。

A₂： じゃ、今日の夕方にもう一度お電話いたしますって、 ｜ お伝え願えますか。
ゆうがた いちど ｜ ねが
｜ お伝え願えませんか。

《 こんな時、どうしますか 》

 後で電話をかけてほしいと頼みたいときは、どう言ったらいいですか。
あと たの

 友達などよく知っている人に言う場合は「後で電話かけてって、言っといてくれる？」や「家に電話をかけるように伝えてもらえる？」のように言います。また、よく知らない人や目上の人には、「お帰りになりましたら、お電話くださるようにお伝えいただけますか」や「お戻りになりましたら、電話いただけるようにお願いいただけますか」のように言います。
ともだち めうえ ねが もど

《《次のような場合は、どう言いますか 》》

① 友達の斉藤君の家に電話をかけると、お母さんが出ました。友達に明日ノートを貸
してほしいと伝言を頼みます。

② 取引先の木村さんに、明日までに連絡してほしいと伝言を頼みます。

 伝言を申し出る

（1）あのう、伝言をお伺いしましょうか。

（練 I-⑤ 同僚の夫に）

何か	言っとこうか。
	伝えとこうか。
何か	言っとくことある？
	伝えとくことある？

| 何か | 伝えときましょうか。 |
| | お伝えしましょうか。 |

伝言をお伺いしましょうか。

伝言かなにかありますか。

何か伝言がありましたら、伺いますけど。

《《次のような場合は、どう言いますか 》》

① 友達　：先生、研究室にいる？

あなた：ううん。今、いないよ。

友達　：ええ、いないの？　どうしようかなあ。

あなた：＿＿＿＿＿＿＿＿＿＿＿＿＿＿＿＿＿＿＿。

② 会社員：木村は今、会議中ですが。

取引先：いらっしゃらないんですか。どうしよう、困ったなあ。

会社員：＿＿＿＿＿＿＿＿＿＿＿＿＿＿＿＿＿＿＿。

取引先：そうですか。じゃ、お願いします。

電話をかけることを申し出る

（1）帰ってきたら、こちらから電話させましょうか。　（練I-① 母親が息子の友人に）

（2）戻りましたら、神崎に電話かけさせましょうか。　（練I-② 取引先の人に）

後で、かけ直すように｜言おうか

　　　　　　　　　　　｜言っとこうか。

こっちから、また電話させようか。

村田さんに｜電話させようか。

　　　　　　｜電話かけるように言っとこうか。

後でかけ直させますので。

こちらからまた、｜連絡いたします。

　　　　　　　　　｜電話いたします。

こちらから電話させましょうか。

《《 こんな時、どうしますか 》》

 後で自分が電話をかける場合と他の人がかける場合は、どちらも同じ言い方ですか。

 自分が電話をかけると申し出るときは、「かけなおします／電話します」と言います。他の人がかけると申し出るときは、「かけ直させます／電話させます」と言います。会社などでは、自分がかける場合も同僚がかける場合も「こちらから連絡いたします」「こちらから電話させていただきます」のように言います。

《《 次のような場合は、どう言いますか 》》

① 会社員：あ、申し訳ありません。今、席を外しているんです。

　　　　　あの、＿＿＿＿＿＿＿＿＿＿＿＿＿＿＿＿＿＿＿。

　　取引先：じゃ、お願いします。

② 取引先：今、岡崎はいないんですが。

　　会社員：あ、そうですか。

　　取引先：あの、＿＿＿＿＿＿＿＿＿＿＿＿＿＿＿＿＿＿＿。

15

電話をかけてきた人に後で電話してほしいと言う

（1）もう少ししてから、もう一度、お電話いただけますか。 （練I-⑥ 夫の学生に）

 夜にでも、電話もらえるとうれしいんだけど。
後で電話してもらえるかな。

折り返しお電話いただけるとありがたいんですが。
10分後ぐらいに再度お電話いただけますか。

《《こんな時、どうしますか 》》

Q 電話を受けた人とは別の人に、電話をかけてほしいと頼む場合は、どのように言いますか。

A 「（斉藤さん）が帰ってきたら、電話してって言っといて」や、「（小西課長）がお帰りになりましたら、お電話いただけますか」のような表現を使います。

Q 先生の家に電話をかけたときに、後で電話をしてほしいと頼んで大丈夫ですか。

A 相手が先生でも友達でも、自分の用事で電話をかけたときは、後で電話をしてほしいと頼むことはあまりありません。自分が後で電話をかけ直すか、伝言を頼む場合が多いです。

《《 次のような場合は、どう言いますか 》》

① 川野 ：貴子さん、ご在宅ですか。
　　貴子の母：まだ帰ってきてないんですよ。
　　川野 ：そうですか。
　　貴子の母：8時頃には戻ると思うんですけど。_____。

② 会社員：木村さんから、お電話いただいたそうなんですが。
　　取引先：あ、そうですか。申し訳ございません。木村は、ちょっと今、席を外してまして。
　　会社員：そうですか。じゃ、_____。

 **ロールプレイ**

① ●2を聞いて、話の続きをペアで作ってみましょう。

② ●8を聞いて、話の続きをペアで作ってみましょう。

③ こんな時、どのように伝言をしますか。

> 土曜日に友達と映画に行く予定を変更したいと思って電話をしましたが、部屋には友達がいません。友達のルームメートにどのように言えばいいか、考えましょう。

> 先生とレポートのことで話をしたいのですが、先生はいません。電話で先生の秘書にどのように言うか、考えましょう。

2 「一緒に行ってみない？」 ― 勧誘 ―
いっしょ　　　　　　　　　　　　　　　　　かんゆう

人を誘った時、返事がよくわからなくて、困ったことはありませんか。
さそ　　　　　へんじ

こんなとき、どう言いますか。

① 一緒に映画を見に行きたいなあ。
いっしょ　えいが

② もしよかったら、駅まで車で迎えに
えき　　　　むか
行きましょうか。

③ 木村さんには、僕から電話
きむら　　　　ぼく
しようか。

鈴木さん
すずき

④ 日曜日、ドライブに行こうか。

⑤ 遊園地のチケット、あまってるんだけど、もし、
ゆうえんち
興味があれば行ってみない？
きょうみ

▼ 誰が何をしますか。

① { 鈴木さん ・ 相手 ・ 鈴木さんと相手 } が＿＿＿＿＿＿＿＿＿＿＿＿＿＿＿＿＿＿＿。
　　すずき　　あいて

② { 鈴木さん ・ 相手 ・ 鈴木さんと相手 } が＿＿＿＿＿＿＿＿＿＿＿＿＿＿＿＿＿＿＿。

③ { 鈴木さん ・ 相手 ・ 鈴木さんと相手 } が＿＿＿＿＿＿＿＿＿＿＿＿＿＿＿＿＿＿＿。

④ { 鈴木さん ・ 相手 ・ 鈴木さんと相手 } が＿＿＿＿＿＿＿＿＿＿＿＿＿＿＿＿＿＿＿。

⑤ { 鈴木さん ・ 相手 ・ 鈴木さんと相手 } が＿＿＿＿＿＿＿＿＿＿＿＿＿＿＿＿＿＿＿。

聞き取り練習　I

| スキット1 | C 17 | スキット3 | C 20 | スキット5 | C 23 |
| スキット2 | C 18 | スキット4 | C 22 | | |

【問題1】 スキットを聞いて、(1)誰と誰が、(2)何について話しているか、下から当てはまる
ものを選んでください。

	(1)誰と誰が	(2)何について
①		
②		
③		
④		
⑤		

(1) 誰と誰が話していますか。

  ア．友人同士

  イ．夫婦

  ウ．上司と部下／先輩と後輩

  エ．初めて話す人同士

(2) 何について話していますか。

  a. 今から店に来る

  b. グループに参加する

  c. チケットを買う

  d. 一緒に食事に行く

  e. 一緒に習い事をする

一度聞いて、わからなかった人は、次の言葉を確認してからもう一度聞きましょう。

① フラワーアレンジメント	落ち着く	話が合う	同年代	陶芸	
② フラメンコ	発表会	本格的	価値がある	半分持つ	
③ 京料理	忘年会	都合に合わせる			
④ 化粧を落とす	濡れる	邪魔くさい	断る		
⑤ 中央区	国際結婚	日頃	頭文字	集まり	参加する

【問題2】 もう一度スキットを聞いて、何に誘ったのかを聞き取り、メモしてください。ま
た、その結果がどうだったか、選んでください。

	(1) 何に誘ったのか	(2) 誘った結果
①		◯・×・？
②		◯・×・？
③		◯・×・？
④		◯・×・？
⑤		◯・×・？

【問題3】 もう一度、スキットを聞いて、正しい内容を選んでください。

① 恵美は
　a. 陶芸
　b. 生け花
　c. フラワーアレンジメント
を習っている。ところが、
　d. 興味がなくなった
　e. 同年代の人がいない
　f. 話の合う人がいない

ので、尚子を誘うことにした。尚子は
　g. 興味がない
　h. 忙しい
　i. おもしろそうな
ので、誘いを
　j. 受けた。
　k. 受けなかった。

② 森下さんは、再来週の日曜日
　a. 忙しそうだ。
　b. 忙しくなさそうだ。
福島さんの
　c. 奥さん
　d. 彼女
が

フラメンコを習っていて、その発表会があるので、森下さんに見に来るように誘っている。

そこでは、ワインが
　e. ただで
　f. 半額で
飲めるそうだ。

③
　a. 男の人
　b. 女の人
の友達は、おいしい京料理の店を教えてくれた。それで、男の人は女の人を

食事に誘っている。男の人は、今恋人が
　c. いる
　d. いない
そうだ。

女の人は、男の人と一緒に、
　e. いつその店に行くかはわからない。
　f. すぐにその店に行くことにした。

④ 男の人は友達と
　a. 飲んでいる。
　b. ホットドックを食べている。
そして、奥さんをそこに来るように誘って

いる。奥さんは
　c. お母さんがいる
　d. 面倒な
　e. 子供が熱を出している
ので
　f. 行く
　g. 行かない
ことにしたようだ。

⑤ 国際結婚の会というのは、国際結婚を
　a. したい人
　b. している人
の会である。

集まりは
　c. 毎月一回
　d. 毎週日曜日に
開かれている。この女の人は子供が
　e. いる
　f. いない
ので、教育の

問題には関心が
　g. ある。
　h. ない。
会に入るかどうかは
　i. 夫と相談してから
　j. 子供ができてから
決めるようだ。

【問題4】 もう一度 CD を聞いて、どのような表現を使って相手を誘ったのか、書いてください。また、スキットの表現以外にどんな適切な表現があるか、クラスで話し合ってみましょう。

| 問い 1 | ○17 | 問い 3 | ○20 | 問い 5 | ○23 |
| 問い 2 | ○19 | 問い 4 | ○22 | | |

	どのように言いましたか	同じような相手と場面で 他にどんな言い方がありますか
①		
②		
③		
④		
⑤		

聞き取り練習　Ⅱ

| ナレーション・スキット1 | ○24 |
| スキット2 ○25 | スキット3 ○26 |

【問題1】 スキットを聞いて、何に誘われたのか、書いてください。

	誘われたこと
①	
②	
③	

一度聞いて、わからなかった人は、次の言葉を確認してからもう一度聞きましょう。

①	たまに	あこがれ	内心 ないしん	やったぞ	
②	しょっちゅう	一杯 いっぱい	頻繁 ひんぱん	文句 もんく	しぶしぶ
③	気が向く きむ	しつこく	丁重に ていちょう	あきらめる	すっきりする

【問題2】 誘いを受けましたか、それとも断りましたか。そう考えた理由も書いてください。

	誘いを受けたかどうか	理　由
①	受けた・断った	
②	受けた・断った	
③	受けた・断った	

【問題3】 インタビューを受けた人は、上司の誘いについてどのように考えていると思いますか。クラスで話し合いましょう。

ポイントリスニング

ポイントリスニング 27

誘いを受けていますか、断っていますか、まだわからない、のどれですか。
選んで、✔を書いてください。

	①	②	③	④	⑤	⑥	⑦	⑧
受ける								
断る								
まだわからない								

❧ 重 要 表 現 ❧

誘う

例

(1) 尚子もいっしょに習ってみない？　いやならいいんだけど。

(練I-① 友人に)

(2) もし興味があれば、奥さんでも誘って、見にきてくれないかなって。

(練I-② 部下に)

(3) ともちゃんと一緒に行きたいなって思って。　　　(練I-③ 後輩の同僚に)

(4) 出て来れない？　　　　　　　　　　　　　　　　　　(練I-④ 妻に)

(5) もしご興味がおありでしたら、ぜひ参加していただいて、ご一緒にお話でも
　　できたら、って思うんですが。　　　　　　　　　(練I-⑤ よく知らない人に)

 新しい車買った**ん**だけど、**一緒に**ドライブでも**どう**？

よかったら	**一緒に**テニスやって**みない**？
興味があったら	映画に行か**ないかなって**(思って)。
時間があったら	今晩、飲みに行か**ない**？
	今、お茶、**できない**？
	一緒に行き**たいなって**思って。

 ご一緒に、お話を聞いていただけ**たらって**思うんですが。

よろしかったら	陶芸サークルにいらっしゃっ**てみませんか**。
ご興味がおありでしたら	見に**いらっしゃいませんか**。
お時間がありましたら	送別会に参加していただけ**ませんか**。
	ボランティアに参加**なさいませんか**。

《《こんな時、どうしますか》》

Q 相手が誘いをうけるだろうと思っているときと、断るだろうと思っているときで、言い方が違いますか。

A 相手が喜んで誘いを受けるだろうと思っているときは、「行ってみない？」などのほかに、「行く？」「行きますよね？」のような言い方をすることもあります。

相手が断るかもしれないと思っているときは、相手の気持ちを考えて断りやすいように、「もしよかったら」や「時間があったら」と言うことがあります。また、「無理しないでください」「忙しかったら、今度でもいいですよ」のような表現を一緒に使うこともあります。

《《 次のような場合は、どう言いますか 》》

① マライア・キャリーの歌が好きな友達をコンサートに誘います。
② 仕事で忙しそうな友達を食事に誘います。
③ 興味があるかどうかわからない友達をバンドのメンバーに誘います。

誘いを受ける

うん。／もちろん。で、いつ？（どこ？…）
うん、行く。
えっ、いいの？

ええ、ぜひ。
もちろん、参加します。

《《 こんな時、どうしますか 》》

Q 喜んで誘いを受ける場合と、断れなくて誘いを受ける場合がありますが、言い方は同じですか。

A 喜んで誘いを受ける場合は、「私も気になっていたんです」「ぜひ〜たいです」「それ、興味があったんです」のような言い方をします。断れなくて誘いを受ける場合は、「その日は多分大丈夫だと思いますけど」のように、あまり積極的な返事をしないことが多いです。

《《 次のような場合は、どう言いますか 》》

① 上司から日曜日のゴルフに誘われました。あなたもゴルフが好きです。
② 上司から日曜日のゴルフに誘われました。あなたは興味がありませんが、上司からの誘いなので、断るのは難しいと思っています。

誘いを断る

例

(1) ううん。陶芸とかだったら、ちょっと考えてみてもいいんだけど。
（練Ⅰ-① 友人に）

(2) 最近、忘年会シーズンですから、けっこういろんな約束が入っちゃってるんで。
（練Ⅰ-③ 先輩の同僚に）

(3) 悪いけど、こんな時間に外出するのはいやよ。
（練Ⅰ-④ 夫に）

(4) 私たち、子供はまだいませんので、子供の教育は問題ありませんし。
（練Ⅰ-⑤ 知らない人に）

月曜日だったらいいんだけど。
ちょっと約束が入ってて。

月曜日だったら、行けたと思うんですけど。
ちょっと用事が入ってまして。

《《 こんな時、どうしますか 》》

Q 相手の気分を害さないように断るには、どんな言い方がありますか。

A 「ごめんね」「悪いけど」「申し訳ないんですが」などの表現を一緒に使います。自分がそれをしたくないと言うのではなく、できない理由を言ったり、別の日や別のことなら大丈夫だと言ったほうがいいでしょう。他にも、「また誘ってください」のように、興味を持っていることを伝える表現を付け加えたりします。

Q 断られた人は、断った人にどんなことを言いますか。

A 断った相手の気持ちを考えて、「いいよ。気にしなくて」「多分、無理だろうなって思っていたんだけど」のように言うこともあります。

《《 次のように友達に言われた場合、どう断りますか 》》

① 外国人の通訳ボランティアグループを作るんだけど、いっしょにやらない？

② 金曜日カラオケ行かない？

返事を保留する
ほりゅう

(1) じゃ、妻に予定、聞いてみますんで、もう少し、待ってもらえませんか。
　　　つま　　よてい

(練I-② 上司に)
じょうし

(2) じゃ、主人と相談してみますので。
　　　　　そうだん

(練I-⑤ 知らない人に)

妻に聞いてみるから、｜もうちょっと｜待ってくれない？
つま　　　　　　　　　｜明日まで　　｜

まだちょっとわからないんだけど。

もう少し｜考えさせて。
明日まで｜

妻に聞いてみますので、｜もう少し｜待っていただけませんか。
つま　　　　　　　　　　｜明日まで｜

ちょっと、まだわからないんですが。

もう少し｜考えさせてくださいませんか。
明日まで｜

じゃ、妻と相談してみます。
　　　そうだん

《《 こんな時、どうしますか 》》

Q 誘いを受けるかどうかわからないときには、どう言いますか。
　　さそ　う

「後で連絡／電話してもいいですか」のような表現や、「ちょっと考えさせ
　　　　れんらく
てもらってもいいですか」のような表現を使うことが多いです。

ロールプレイ

① 🎧18を聞いて、話の続きをペアで作ってみましょう。

② 🎧20を聞いて、話の続きをペアで作ってみましょう。

③ こんな時、どのように言いますか。

> 友達からキャンプに誘われましたが、あなたはあまりアウトドアが好きではありません。

> 新しく入った年上の同僚に会社のテニスクラブに入るように誘ってみましょう。

3 「これ、使わせてもらってもいいかなって」
— 許可 —
きょか

最近、どんなことで許可を求めましたか。うまく許可をもらえましたか。
さいきん　　　　　　　　　きょか　もと

こんなとき、どう言いますか。

次のような場面では、どのように言いますか。適当なものを選んでください。
ばめん　　　　　　　　　　　てきとう　　えら

①

a. ここで待ってて。

c. ここで待たせてもらって
もいいかな。

b. ここで待っていただけま
すでしょうか。

下田さん
しもだ

d. ここで待っていてもかまい
ませんでしょうか。

	下田さんが待つ	相手が待つ
友人に ゆうじん		
上司に じょうし		

②

a. 今お使いじゃないなら、使わせ
ていただくこと、できますか。

c. もう終わったから、このファ
イル使ってもいいよ。

b. もう、終わりましたので、
お
いつ使っていただいてもい
いですよ。

加藤さん
かとう

d. 今、使ってないんなら、この
ファイル使わせてもらって
もいいかな。

	加藤さんがファイルを借りる か	相手がファイルを借りる
友人に ゆうじん		
上司に じょうし		

28

聞き取り練習　Ⅰ

【問題1】 スキットを聞いて、(1)誰と誰が、(2)何について話しているか、下から当てはまる
ものを選んでください。

	(1)誰と誰が	(2)何について
①		
②		
③		
④		
⑤		

(1) 誰と誰が話していますか。

　　ア．上司と部下
　　イ．親しい同僚同士
　　ウ．図書館員と学生
　　エ．兄弟
　　オ．親子

(2) 何について話していますか。

　　a. 本の貸し出し
　　b. 車を借りる
　　c. アルバイト
　　d. コンピュータを借りる
　　e. 育児休暇

一度聞いて、わからなかった人は、次の言葉を確認してからもう一度聞きましょう。

①	兄貴	こする	傷がつく	へこむ	事故る	満タンにする
②	出産する	育児休暇	休職	前例	制度	
③	プレゼン	添付	文字化けする			
④	改まって	当たる	受験	身を入れる		
⑤	返却日	院生	手続き	引き続き	閲覧	

【問題2】 もう一度スキットを聞いて、どんな許可を求めたのか聞き取り、メモしてくださ
い。また、許可されたかどうか、結果を選んでください。

	(1) どんな許可を求めたのか	(2) その結果
①		○・×・?
②		○・×・?
③		○・×・?
④		○・×・?
⑤		○・×・?

【問題3】 もう一度、スキットを聞いて、正しい内容を選んでください。

① 　a. 車を洗って 　　　　　　　　　　　返すことになった。
　　 b. 車にガソリンを入れて
　　 c. 車を洗ってガソリンを入れて

② この会社には、育児休暇が 　a. ある。 今までに男性社員で育児休暇を取った人が、 　c. いる
　　　　　　　　　　　　　　 b. ない。 　　　　　　　　　　　　　　　　　　　　　　 d. いない

　 ので、この男性は育児休暇が 　e. 取れそうだ。
　　　　　　　　　　　　　　　 f. 取れなさそうだ。

③ 川崎さんのコンピュータは、 　a. 故障している 　ので、添付で 　c. 送られてきた 　資料が、
　　　　　　　　　　　　　　　 b. システムが違う 　　　　　　　 d. 送りたい

　 読めない。

④ 男の子は 　a. ギター 　を買うためにアルバイトをしようと思っているが、 　c. 来年受験な 　ので
　　　　　　 b. バイク 　　　　　　　　　　　　　　　　　　　　　　　　 d. まだ若すぎる

　 母親は買うことに反対している。父親は 　e. 反対 　しているようだ。
　　　　　　　　　　　　　　　　　　　　 f. 賛成

⑤ この図書館では、原則として本を続けて借りることが 　a. できる。 　続けて借りるときは、
　　　　　　　　　　　　　　　　　　　　　　　　　 b. できない。

　 c. 一回返却をして、もう一度借りなくてはならない。辞書や雑誌は、貸し出し e. 可能 　である。
　 d. 予約しなければならない。　　　　　　　　　　　　　　　　　　　　　 f. 禁止

【問題4】 もう一度CDを聞いて、どのような表現を使って許可を求めたのか、書いてください。また、スキットの表現以外にどんな適切な表現があるか、クラスで話し合ってみましょう。

| 問い1 | C 28 | 問い3 | C 32 | 問い5 | C 34 |
| 問い2 | C 30 | 問い4 | C 33 | | |

	どのように言いましたか	同じような相手と場面で 他にどんな言い方がありますか
①		
②		
③		
④		
⑤		

聞き取り練習　Ⅱ

| スキット2 | C 36 | スキット4 | C 37 | スキット6 | C 38 |

【問題1】 スキットを聞いて、話している人が何について許可を求められたのか、書いてください。

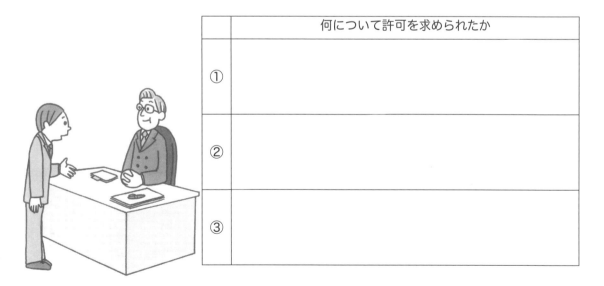

	何について許可を求められたか
①	
②	
③	

▶▶▶ 一度聞いて、わからなかった人は、次の言葉を確認してからもう一度聞きましょう。

①	新入社員	入社	有休	常識はずれ
②	時代	研修旅行	目くじら(を)たてる	
③	抜ける	資格		

【問題2】 話している人は、部下に許可を与えましたか。✓を書いてください。

	許可した	許可しなかった
①		
②		
③		

【問題3】 話している人は、部下の行動に対してそれぞれどんな気持ちだったと思いますか。クラスで話し合ってみましょう。

 ## ポイントリスニング

ポイントリスニング 39

許可する、許可しない、まだわからない、のどれですか。✓を書いてください。

	①	②	③	④	⑤	⑥	⑦	⑧
許可する								
許可しない								
まだわからない								

☙ 重 要 表 現 ☙

 許可を求める
（きょか　もと）

例
(1) 兄貴の車、使わせてもらってもいいかなあって。　　　　　　　　（練I-① 兄に）
　　（あに き）

(2) 育児休暇を取らせていただくっていうわけには…。　　　　　　（練I-② 上司に）
　　（いくじ きゅうか）　　　　　　　　　　　　　　　　　　　　　　　　（じょうし）

(3) **悪いけど、山根さんのコンピュータ、ちょっとの間、使わせてもらってもか**
　　　　　　（やまね）

　　まわない？　　　　　　　　　　　　　　　　　　　　　（練I-③ 親しい同僚に）
　　　　　　　　　　　　　　　　　　　　　　　　　　　　　（した　どうりょう）

(4) アルバイトしたいんだけど、いいかなって。　　　　　　　　　　（練I-④ 母に）

(5) （本を）続けて借りるっていうのは、可能ですか。　　　　　（練I-⑤ 図書館員に）
　　　　　　（つづ）（か）　　　　　　　　　　（かのう）　　　　　　　（としょかんいん）

ここで待って**てもいい？**

冷蔵庫のジュース、飲ん**でもかまわない？**
（れいぞうこ）

ここで待た**せてもらってもいい？**

ちょっとこの部屋使い**たいんだけど、いい？**

１時間ぐらい車を止め**させてもらえたら、うれしいんだけど。**
　　　　　　　　　　（と）

明日、休ま**せていただきたいんですが。**

ここで待っ**ていてもかまわないでしょうか。**

明日まで借りる**っていうことは可能でしょうか。**
　　　　　（か）　　　　　　　　　　　　（かのう）

ここでタバコが吸え**ますか。**
　　　　　　　　（す）

しばらく考えさ**せていただくっていうわけにはいきませんか。**

《《 こんな時、どうしますか 》》

Q 許可をもらうのが簡単だと思っているときと、難しいと思っているときとでは、
　　（きょか）　　　　　　　（かんたん）　　　　　　　　　　　　　　　　　　　　　　　　　
　　言い方が違いますか。
　　　　　（ちが）

A 最近ほとんど使っていないコンピュータと、いつも使っているコンピュー
　　（さいきん）
　　タを借りたいときを考えてみましょう。ほとんど使っていないコンピュー
　　　　　（か）
　　タを借りたいなど、簡単に許可がもらえそうな場合は、「このコンピュー
　　　　　（か）　　　（かんたん）（きょか）　　　（ばあい）
　　タ、明日まで使ってもいいでしょ？」のように言うことができますが、コ
　　ンピュータがなくては困るのを知っているような場合には「このコンピュー
　　　　　　　　　　　　　（こま）
　　タ、明日まで使わせてもらえたら、うれしいんだけど」や「このコンピュー
　　タ、明日まで使わせてもらうわけにはいかないかな？」などのように言っ
　　たりします。

Q 一度断られたあとに、もう一度許可を求めたい場合、どんな言い方がありますか。

 A 断られてもう一度言う場合には、「（1時間）だけでもいいんですけど」「（今日）だけでもいいから」のように、自分から制限を加えることがあります。
これは、相手に許可をしてもらいやすくするためです。

《次のような場合は、どう言いますか》

① 会社を早退したい

 課長、病院に行きたいので、

課長

そうですか。わかりました。

② 会社を早退したいと思っているが、月末で、周りの人は忙しそうだ

 課長、3時に、

課長

3時？　今日は定時まではいてくれないと困るよ。

 ## 許可を与える

例

(1) 私のどうぞ使って、使って。　　　　　　　　　　　（練 I-③ 親しい同僚に）

(2) 一旦、返却の手続きをしてから、引き続き借りてもいいですよ。
　　　　　　　　　　　　　　　　　　　（練 I-⑤ 図書館員が学生に）

 うん、いいよ。
どうぞ、使って。
その荷物、ここに明日までおいといて**くれてもいいよ**。

 ここでタバコを吸って**もかまいませんよ**。
コピーを使って**ていただいて（も）いいですよ**。
どうぞご自由に**おとりください**。
好きなだけ、**お使いになってください**。

《《 こんな時、どうしますか 》》

Q うちの庭のバラの花を見ていた人に「写真を撮ってもいいですか。」ときかれたので、「はい、撮ってもいいです」と答えたら、変な顔をされました。どうしてですか。

A たとえば、事務所の人が「この電話を使ってもいいですよ」と言ったり、上司が「明日、休みを取ってもいいですよ」と言ったりします。これは、事務所の人や上司が、電話を使ったり、休暇を取る許可を与える権限を持っているからです。庭のバラの写真を撮ることに対しては、それほど大きい権限はありませんね。ですから、「はい、撮ってもいいです」より「どうぞ」や「どうぞ撮ってください」のほうが自然な会話になります。同じように、席を譲るときも、「どうぞ／どうぞ座ってください／どうぞお座りになってください」のほうがいいでしょう。

《《 次のような場合は、どう言いますか 》》

① 映画館の中で知らない人に

すみません、お隣に座ってもいいですか。

知らない人

② 美術館で係員に

この絵の写真を撮ってもいいですか。

係員

許可をしない

例
(1) やだよ。お前の運転、あらいから。よく事故るし。　　　　　　　　（練 I-① 弟に）

(2) 私の立場からもね、**賛成できかねるし。**　　　　　　　　　　　（練 I-② 部下に）

(3) だめだめ。来年、受験でしょ。　　　　　　　　　　　　　　　　（練 I-④ 息子に）

(4) 辞書や、百科事典、雑誌類は貸し出しできないことになってるんで。

　　　　　　　　　　　　　　　　　　　　　　　　（練 I-⑤ 図書館員が学生に）

悪いけど
申し訳ないけど　｜今、使ってるんで。

できれば待っててあげたいんだけど。

他の人に貸してはいけないことになっているから。

申し訳ないんですが、｜後から人が来ますので。
すみませんが、

できれば、使っていただきたいとは思うんですけど。

関係者以外は、ここからは入れないことになっているんです。
場内でタバコを吸っ**てはいけない**ことになっているんです。

《 こんな時、どうしますか 》

Q 規則で決まっていることと、そうでない場合では、言い方が違いますか。

A 規則で決まっていて許可しない場合は、「（貸し出しできない）ことになっているんで…」のように言います。自分の都合で許可しない場合は「（できれば、貸し）てあげたいんだけど」「悪いけど、（今使ってる）んで」のような言い方をすることがあります。

聞き取り練習Ⅰスキット3のように、はっきり「だめだ」と言えるのは、相手に対して命令ができる立場の人（親が子に、上司が部下に、など）に限られます。普通は「悪いけど」や「申し訳ないけど」などの表現と一緒に使うことが多いです。

《 次のような場合は、どう言いますか 》

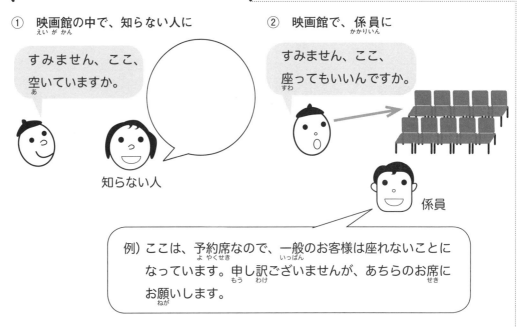

① 映画館の中で、知らない人に

すみません、ここ、空いていますか。

知らない人

② 映画館で、係員に

すみません、ここ、座ってもいいんですか。

係員

例）ここは、予約席なので、一般のお客様は座れないことになっています。申し訳ございませんが、あちらのお席にお願いします。

制限を述べる
せいげん

例 (1) 今日ずっと、っていうわけじゃなかったら、かまわないから、私のどうぞ
　　　使って、使って。

　　　　　　　　　　　　　　　　　　　　　　　　　　　（練Ⅰ-③ 親しい同僚に）
　　　　　　　　　　　　　　　　　　　　　　　　　　　　　　　した　どうりょう

ずっとっていうわけじゃなかったら、使ってもいいよ。

２、３枚だったら、コピーしてもかまわないよ。
　　　　まい

すぐ返してくれるんだったら、ノート、見せてあげてもいいけど。

後でこちらまでお持ちいただけるんでしたら、お貸しできますが。
　　　　　　　　　　　　　　　　　　　　　　　　か

10日以内(ということ)でお願いしたいんですが。
　　いない　　　　　　　　　ねが

《 次のような場合は、どう言いますか 》

① 友達にノートを貸してもらいたいとき
　　ともだち　　　　　　か

② デパートで代金を支払うとき
　　　　　　　だいきん　しはら

政治学のノート、
せいじがく
見せてもらいたいん
だけど、いいかな？

クレジットカードで
払えますか。
はら

例) クレジットカードの
お支払いは3000円
以上でお願いしたい
いじょう　　ねが
んですが。

友達

店員
てんいん

ロールプレイ

① 🔊31 を聞いて、話の続きをペアで作ってみましょう。
　　　　　　　　つづ

② 🔊34 を聞いて、話の続きをペアで作ってみましょう。
　　　　　　　　つづ

③ こんな時、どのように言いますか。

ゼミの発表の日に、大切な用事がある
　　　はっぴょう　　たいせつ　ようじ
ので、授業を休みたいと考えています。
　　　じゅぎょう
先生と話してください。

今、仕事で使うのに、デジタルカメラを
　　　　　　つか
同僚に借りています。来週から10日間
どうりょう　か　　　　　らいしゅう
海外旅行に行くので、続けて使わせても
かいがいりょこう　　　　つづ
らいたいと考えています。

37

4 「渋滞してるらしいですよ」
じゅうたい

ー確かな情報・不確かな情報ー
たし　　じょうほう　ふ　たし

何かの理由で、友人との待ち合わせの時間に遅れそうです。あなたならなんと言いますか。
りゆう　　　　　　　　　　　　　　　　　　　　　　おく

こんなとき、どう言いますか

次の情報は、a. 誰かから聞いた、b. 話し手が考えた、のどちらですか。
じょうほう　　だれ

① ア）（　　　　　）今度、学校の前にできたレストラン、｜おいしいそうね。
　　　　　　　　　　こんど
　イ）（　　　　　）　　　　　　　　　　　　　　　　　　よさそうね。
　ウ）（　　　　　）　　　　　　　　　　　　　　　　　　おいしいんだって。

② ア）（　　　　　）毎日、満員電車で通勤するのって｜疲れるよ。
　　　　　　　　　　　まんいん　　つうきん　　　つか
　イ）（　　　　　）　　　　　　　　　　　　　　　疲れそうだね。
　ウ）（　　　　　）　　　　　　　　　　　　　　　疲れるんだってね。

③ ア）（　　　　　）朝夕の子どもの送り迎えは大変｜ですね。
　　　　　　　　　あさゆう　　　　おく　むか
　イ）（　　　　　）　　　　　　　　　　　　　　　なんですよ。
　ウ）（　　　　　）　　　　　　　　　　　　　　　だそうですよ。

④ ア）（　　　　　）あそこのスーパー、来週開店する｜みたいね。
　　　　　　　　　　　　　　　　　　かいてん
　イ）（　　　　　）　　　　　　　　　　　　　　　みたいよ。
　ウ）（　　　　　）　　　　　　　　　　　　　　　んじゃない？

⑤ ア）（　　　　　）ディズニーランドは、大人も楽しめる｜みたいよ。
　イ）（　　　　　）　　　　　　　　　　　　　　　　　らしいよ。
　ウ）（　　　　　）　　　　　　　　　　　　　　　　　と思うけど。

聞き取り練習　Ⅰ

【問題1】 スキットを聞いて、(1)誰と誰が、(2)どこで話しているか、下から当てはまる
ものを選んでください。

	(1)誰と誰が	(2)どこで
①		
②		
③		
④		
⑤		

(1) 誰と誰が話していますか。

　　ア．親と子ども

　　イ．知らない人同士

　　ウ．運転手と乗客

　　エ．友人同士

(2) どこで話していますか。

　　a．長距離バス

　　b．自家用車

　　c．タクシー

　　d．新幹線

　　e．空港

▶▶▶一度聞いて、わからなかった人は、次の言葉を確認してからもう一度聞きましょう。

①	停車	壁	在来線		
②	踏切	衝突事故			
③	車輪	故障	修理		
④	終点	順調に行く	影響で	高速道路	一車線
⑤	制限速度	おしっこ	我慢する	休憩する	パーキングエリア

【問題2】 もう一度スキットを聞いて、遅れた原因がなんだったのか聞き取り、メモしてく
ださい。そして、それは話した人の考えか、それとも他から得た情報か、選んで
ください。

	(1) 遅れた原因	(2) どんな情報か
①		話した人の考え・他から得た情報
②		話した人の考え・他から得た情報
③		話した人の考え・他から得た情報
④		話した人の考え・他から得た情報
⑤		話した人の考え・他から得た情報

【問題3】 もう一度、スキットを聞いて、正しい内容を選んでください。

① 放送によると　a. 名古屋駅　で事故があり、新幹線は発車できない。
　　　　　　　　b. トンネル

　c. 30分後に動くので、　　　　二人は　e. 在来線に乗り換える　　　　ことにした。
　d. いつ動くかわからないが、　　　　　f. このまま新幹線に乗っている

② 今日、　a. 信号　の近くで　c. 車と車の　　衝突事故があった。
　　　　　b. 踏切　　　　　　d. 車と電車の

　その事故が起きたのは、　e. 朝三時　　　　　だ。
　　　　　　　　　　　　　f. 今から三時間前

③ 飛行機の　a. 出発　が遅れるらしい。その原因は　c. 車輪の故障　　　だそうだ。
　　　　　　b. 到着　　　　　　　　　　　　　　　d. エンジンのトラブル

　それで、飛行機が飛ぶのは、　e. 約1時間後になる　　　らしい。
　　　　　　　　　　　　　　　f. いつになるかわからない

④ 終点の仙台には、a. 1時間後　に着くようだ。遅れた理由は、　c. 地震　で道路の状態が
　　　　　　　　　b. 7時間後　　　　　　　　　　　　　　　　d. 台風

　悪く　e. 一車線　になっているところがあるからだ。
　　　　f. 通行止め

⑤ 今、家族で　a. おばあさんの家に　　行くために、高速道路を走っているところだ。
　　　　　　　b. おばあさんを迎えに

　車がスピードを出せない理由は、　c. 工事中だ　　からだ。
　　　　　　　　　　　　　　　　　d. 事故があった

　子どもが　e. トイレに行きたい　と言っているので、次のパーキングエリアで車を停める
　　　　　　f. おなかが痛い

　ことにした。

【問題4】 もう一度 CD を聞いて、どのような表現を使って相手に遅れる理由を伝えたのか
書いてください。また、スキットの表現以外にどんな適切な表現があるか、クラ
スで話し合ってみましょう。

| 問い1 | 🎧 40 | 問い3 | 🎧 44 | 問い5 | 🎧 46 |
| 問い2 | 🎧 42 | 問い4 | 🎧 45 | | |

	どのように言いましたか	同じような相手と場面で 他にどんな言い方がありますか
①		
②		
③		
④		
⑤		

聞き取り練習　Ⅱ

| スキット1 | 🎧 47 | スキット3 | 🎧 49 |
| スキット2 | 🎧 48 | スキット4 | 🎧 50 |

【問題1】 それぞれの人は何のために電話をしたのですか。また、その情報をどうやって
知ったのですか。

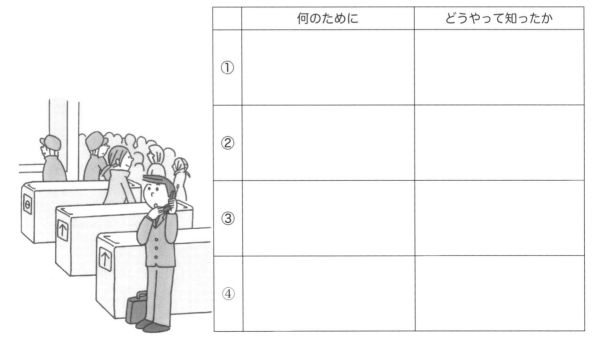

	何のために	どうやって知ったか
①		
②		
③		
④		

▶▶▶▶ 一度聞いて、わからなかった人は、次の言葉を確認してからもう一度聞きましょう。

①	高速（道路）	一車線		
②	ダウンする			
③	人身事故	あふれる	打ち合わせ	時間をずらす
④	デマ	ストする	チェックする	

【問題2】 電話の伝言を聞いた人は、この後、何をするべきですか。

	何をするべきか
①	
②	
③	
④	

【問題3】 電話をした人が言った情報は、確実だと思いますか。どうしてそう思うのか、
クラスで話し合ってください。

ポイントリスニング

ポイントリスニング ◖51

交通事情について話しています。話している人が言ったことは、話している人が確実
に知っている情報か、他から得た情報か、それとも話している人が考えたことか、選ん
で、✓を書いてください。

	①	②	③	④	⑤	⑥	⑦	⑧
確実に知っている情報								
他から得た情報								
話している人が考えたこと								

🐾 重 要 表 現 🐾

他から得た情報を伝える
（ほか　え　じょうほう）

例

(1) なんか、トンネル事故だとかって、言ってましたけど。　　（練I-① 知らない人に）

(2) 壁が落ちたとか何とかで、あまり時間はかからないようなこと言ってました
けど。　　（練I-① 知らない人に）

(3) 車輪に故障が見つかったんだって。　　（練I-③ 友人に）

(4) 修理に、あと1時間ぐらいかかるみたいよ。　　（練I-③ 友人に）

明日の運動会は中止になったって（知ってる?）

なんか、会議が何曜日になるかはまだわからないとかって聞いたけど。

松田さん、先週から入院してるんだって。

山田先生の授業、来週は休みみたいだよ。

お隣の木村さんのお嬢さん、結婚なさるとかいう話よ。

中村先生が、連絡を取りたいって言ってましたよ。

次の電車はいつ出発するかわからないんですって。（女性が使います）

課長が会社をお辞めになる（ということ）らしいですよ。

▼ 言い方で意味が違います。CDを聞いて、確認しましょう。 🔵52

① A：明日、学校休みになるんだって?　　② A：斉藤さん、会社やめるんだって。
　 B：うん、そうなんだって。　　　　　　　 B：ええ?　知らなかった。

（→こたえ p.47）

《《こんな時、どうしますか》》

Q ある情報について、自分が詳しく知らない場合には、どのように言いますか。

A 詳しく知らなかったり、よく覚えていなかったりする場合には、「間違いかもしれないけど／よくわかんないんだけど」などの前置き表現を使います。
また、聞いた情報についても、誰から聞いたかはっきりしない場合は、「〜んだって」「そうですよ」ではなく、「なんか／誰かが〜とか言っていたよ」「〜みたいですよ」「〜らしいですよ」などを使うことが多いです。
また、「〜とか言っていた」「〜みたい」「〜らしい」は、話す人がその情報についてよく知っていても、その情報に対して責任を持ちたくないときや、はっきり言いたくない時にも使います。

《《 次のような場合は、どう言いますか 》》

① 大学の友達に伝える

a) 掲示板を見て…

b) 友達から聞いて…

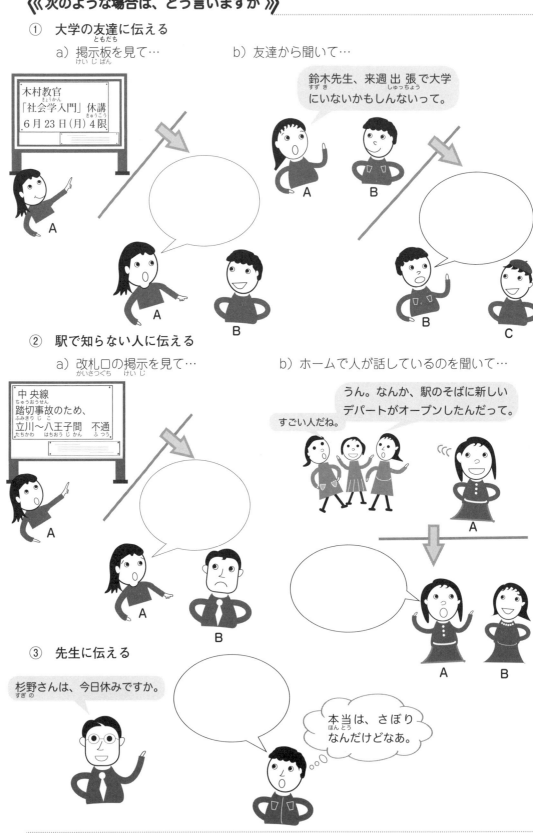

木村教官
「社会学入門」休講
6月23日(月) 4限

鈴木先生、来週出張で大学
にいないかもしんないって。

② 駅で知らない人に伝える

a) 改札口の掲示を見て…

b) ホームで人が話しているのを聞いて…

中央線
踏切事故のため、
立川～八王子間　不通

うん。なんか、駅のそばに新しい
デパートがオープンしたんだって。

すごい人だね。

③ 先生に伝える

杉野さんは、今日休みですか。

本当は、さぼり
なんだけどなあ。

44

自分で判断したことを伝える

例 (1) もう3時間もたってるから、その事故のせいだけだとは思えないんですけど
　　　ねえ。　　　　　　　　　　　　　　　　　　　　　　　（練I-② 乗客に）

(2) このまま渋滞とか事故がなくて、順調にいけば、あと1時間ぐらいでしょうね。

　　　　　　　　　　　　　　　　　　　　　　　　　　　　　（練I-④ 乗客に）

(3) ううん、あと30分、ぐらいじゃないかな。　　　　　　（練I-⑤ 息子に）

明日、休講になるかも。

電車が着くの、遅れるんじゃないかな。

雨も降ってるし、多分、誰も来ないんじゃないの？

10時に出たんだから、もうそろそろ着くはずだよ。

田中さん、いつも朝遅いから、遅れてくるに決まってるよ。

出発が遅れるかもしれないって思いますが。

タクシーで行ったほうが早いんじゃないでしょうか。

事故のせいで遅れているんだと思うんですが。

昨日連絡したから、集合場所はわかってるはずですよ。

《こんな時、どうしますか》

 話している人が自分の判断を正しいと信じているときは、どのように言いますか。

 例えば、「～はず」や「～に決まっている」は、話し手が判断を正しいと
思っているときに使います。しかし、話し手が判断を正しいと思っていて
も、話す内容に責任を持ちたくないときや、はっきり言いたくない時には、
「～かもしれない」「～んじゃない？」のような表現を使うことがあります。

《次のような場合は、どう言いますか》

① 仲のいい友達と

友達　：もしもし、私。バスに乗り遅れちゃって。ゼミに 10 分ぐらい遅れるかも。

あなた：＿＿＿＿＿＿＿＿＿＿＿＿＿＿＿＿＿＿＿＿＿＿。　⟵　先生は、よくクラスの時間に遅れて来る。

② 病院に電話で行き方を尋ねる

電話の声：あの、金沢駅からバスで 20 分ぐらいって聞いたんですが。

受付　：そうですねえ。＿＿＿＿＿＿＿＿＿＿＿＿＿＿＿＿＿。

朝と夕方は、道が混雑するので、時間がかかることが多い。

情報が不確かであることを示す

例
(1) **なんか**、トンネル事故**だとかって**、言ってましたけど。　　（練 I-① 知らない人に）

(2) 壁が落ちた**とか何とかで**、あまり時間はかからないようなこと言ってましたけど。　　　　　　　　　　　　　　　　　　（練 I-① 知らない人に）

> **確か**、明日はごみの日だったと思うけど。
>
> **ちょっと聞いただけなんだけど**、夜間は、通行止めになる**みたいだよ**。
>
> **ひょっとしたら**、今日の打ち合わせのこと、忘れてしまってる**んじゃないかな**。
>
> **なんか**、交通事故があった**そうですよ**。
>
> 今日は都合が悪い**とかなんとかで**、来られない**って**言ってました。
>
> **はっきりしたことは知らないんだけど**、課長の奥さん、入院した**って**。
>
> **間違ってるかもしれないんですけど**、レポート、5 ページ書けばいい**みたいですよ**。

情報が確かであることを示す

> **まず間違いなく**、お盆の時期は予約がとりにくい**と思いますよ**。
>
> **おそらく**、明日は混雑する**と思いますよ**。
>
> **絶対**来ない**に決まってるよ**。
>
> ニュースでは、**確かに**今日雨だって言ってましたよ。

 **ロールプレイ**

① 🎧40 を聞いて、話の続きをペアで作ってみましょう。

② 🎧43 を聞いて、話の続きをペアで作ってみましょう。

③ こんな時、どのように言いますか。

友達と北海道を旅行しようと思っています。どの交通手段で行きますか。ただし、その日は台風が来るらしく、飛行機は運行中止の可能性があります。

寝台列車が15分近く止まったままで、放送もありません。乗客の一人が、乗務員に止まっている原因を聞いてきました。その人と話をしてください。

---

p.43 こたえ

① 情報を確認する

② 情報を伝える

5 「そこをなんとか」 ― 依頼・指示 ―

最近、どんなことを頼まれましたか。
断りたかったのに断れなかったことはありませんでしたか。

こんなとき、どう言いますか。

次のような場面では、どのように言いますか。適切なものを選んでください。

① ア）会社で忙しそうな同僚に…　　　　　イ）家で妻に…

ウ）友達の家で奥さんに…　　　　　　　　エ）喫茶店で店員に…

小山さん
35才　会社員

a. じゃ、コーヒーで。　　　　　b. コーヒーかなにかいただけるとありがたいんですが。

c. コーヒー入れて。　　　　　　d. 手が空いていたら、コーヒー入れてくれないかな。

② ア）学校の会議で司会者として…　　　　イ）デパートで買い物をしている友達に…

ウ）家で水道工事の人に…　　　　　　　　エ）学校で学生に…

増田さん
33才　教師

a. 3時までに終わること。　　　b. 3時までに、終わらせたいんですが。

c. 3時までに終われる？　ちょっと、用事があるから、そうしてくれたらうれしいなあ。

d. ちょっと、用事があるんで、3時までに終わっていただけますか。

聞き取り練習　Ⅰ

スキット1 🎧 53	スキット3 🎧 55	スキット5 🎧 59
スキット2 🎧 54	スキット4 🎧 57	

【問題1】 スキットを聞いて、(1)誰と誰が、(2)何について話しているか、下から当てはまる
ものを選んでください。

	(1)誰と誰が	(2)何について
①		
②		
③		
④		
⑤		

(1) 誰と誰が話していますか。

　　ア．教師と学生
　　イ．店長と従業員
　　ウ．会社の上司と部下
　　エ．店の人と客
　　オ．友人同士

(2) 何について話していますか。

　　a．授業のハンドアウト
　　b．学期末のレポート
　　c．仕事のしかた
　　d．書類のはんこ
　　e．車検の車

▶▶▶ 一度聞いて、わからなかった人は、次の言葉を確認してからもう一度聞きましょう。

①	はんこ	急ぎ	おごる	さりげなく	恩にきる	
②	そろう	笑顔	厨房	こころがける	連絡事項	
③	車検	(昼に)上がる	なんとかなる	代車	承知する	
④	はかどる	行きっぱなし	食べ物にあたる	食中毒		
⑤	提出	教務課	企業	海外進出	書式	引用する　明記する

【問題2】 もう一度スキットを聞いて、どんな依頼や指示をしたのか聞き取り、メモしてく
ださい。また、その結果がどうだったか、選んでください。

	(1) どんな依頼や指示をしたのか	(2) 依頼や指示の結果
①		○・×・？
②		○・×・？
③		○・×・？
④		○・×・？
⑤		○・×・？

【問題3】 もう一度、スキットを聞いて、正しい内容を選んでください。

① 男の人は女の人に書類を   a. 部長に直接渡す   ように頼んだ。その代わりに、
　　　　　　　　　　　　　　 b. 部長の書類の上の方に置く

男の人は女の人に   c. ごはんをおごる   ことになった。
　　　　　　　　　　 d. フランス料理を作る

② 最近、お客さんのオーダーを繰り返さない従業員が   a. いる。   先月の水道代は、
　　　　　　　　　　　　　　　　　　　　　　　　　　　 b. いない。

　　c. 12万円より少し多かった。
　　d. 10万円より少し少なかった。
　　e. 去年の同じ月より低かった。

③ 予定では、車検は   a. 土曜日の昼   に終わることになっている。今は   c. トラック   を借りているが、
　　　　　　　　　　 b. 金曜日の朝　　　　　　　　　　　　　　　　　　　　　　 d. セダン

代わりに   e. トラック   を借りることになった。
　　　　　 f. セダン

④ 恵は、   a. 明日のテストのことを心配している   ので、紀子と一緒にテストの勉強ができない。
　　　　　 b. おなかの調子が悪い

そこで、紀子は恵に   c. 医者に行くように   すすめ、自分は、
　　　　　　　　　　　 d. 他の人と勉強するように

e. ゼミを休む   　　　　　　　　　　　　　　　　　　と言った。
f. 他の人にハンドアウトを見せてもらって勉強する

⑤ レポートのテーマは   a. ふたつ書かなければならない。レポートは   c. 表やグラフを入れて
　　　　　　　　　　　　 b. ひとつ選べばいい。　　　　　　　　　　　　　 d. 表やグラフを入れないで

10枚程度、書く。レポートを電子メールで   e. 出してもいい。
　　　　　　　　　　　　　　　　　　　　　　 f. 出すことはできない。

【問題4】 もう一度CDを聞いて、どのような表現を使って依頼や指示を行なったのか、書いてください。また、スキットの表現以外にどんな適切な表現があるか、クラスで話し合ってみましょう。

問い1 ⓒ53	問い3 ⓒ56	問い5 ⓒ59
問い2 ⓒ54	問い4 ⓒ58	

	どのように言いましたか	同じような相手と場面で 他にどんな言い方がありますか
①		
②		
③		
④		
⑤		

聞き取り練習 Ⅱ

ナレーション・スキット1 ⓒ60
スキット2 ⓒ61　スキット3 ⓒ62

【問題1】 スキットを聞いて、近所の人にどんなことを頼まれたか、書いてください。

	頼まれたこと
①	
②	
③	

一度聞いて、わからなかった人は、次の言葉を確認してからもう一度聞きましょう。

ナレーション	団地	人間関係	頼りにする	
①	頼む	お隣さん	共働き	特売
②	持ちつ持たれつ	(子どもを)預かる	気軽に	お互い様
③	つきあい	宅配	おせち	

【問題2】 頼まれたことを、引き受けましたか。

	引き受けたかどうか
①	引き受けた ・ 引き受けなかった
②	引き受けた ・ 引き受けなかった
③	引き受けた ・ 引き受けなかった

【問題3】 近所の人の頼みごとについて、インタビューを受けた人は、どのように考えていると思いますか。クラスで話し合ってみましょう。

ポイントリスニング

ポイントリスニング 🎧 63

依頼をしていますか。それとも、指示をしていますか。✔を書いてください。

	①	②	③	④	⑤	⑥	⑦	⑧
依頼								
指示								

☙ 重 要 表 現 ☙

依頼をする
いらい

例

(1) **悪いんだけど**、これ上の方に置いて、早く部長のはんこ、もらえるようにし
わる　　　　　　　　　　　　　　お　　　　　　　　　　ぶちょう
てくんないかな。 　　　　　　　　　　　　　　　　　　　　（練I-① 会社で、部下に）
　　　　　　　　　　　　　　　　　　　　　　　　　　　　　　　　　　ぶか

(2) そこをなんとか**頼むよ**。 　　　　　　　　　　　　　　（練I-① 会社で、部下に）
　　　　　　　たの

(3) 金曜日の朝、10 時頃までに、**なんとかなりませんか**。　　（練I-③ 電話で、店の人に）
　　　　　　　　　　ごろ

(4) ハンドアウト見せて**もらいたいなあって思ってたんだけど**。（練I-④ 電話で、友人に）

コーヒー、買ってき**てほしいんだけど**。／**てくれないかなあ（って）**。

この書類、コピーし**てもらってもいい**？
　　　しょるい

コピー、明日までに、**できる**？

引っ越しを手伝っ**てほしいなあって思ったんだけど**。
ひ　こ

この仕事、明日までに仕上げて**もらいたいんですが**。／**ていただきたいんですが**。
　　　しごと　　　　　　　しあ

これ、明日までに完成させる**こと（が）できますか**。
　　　　　　　　　かんせい

これ、課長に渡して**もらってもいいですか**。
　　　かちょう　わた

会議の時間を変更して**いただけるとありがたいんですが**。
かいぎ　　　　　　へんこう

今日中に、持ってき**てもらうのは難しいですか**。
　　　　　　　　　　　　むずか

明日までに仕上げ**ていただくことは、可能でしょうか**。
　　　　　しあ　　　　　　　　　　かのう

《こんな時、どうしますか》

Q 簡単なお願いと、大変なことを依頼するときでは、どんなふうに言い方を変えますか。
かんたん　ねが　　　たいへん　　　　いらい

A 簡単なお願いの場合、「この手紙を出してくれる？」「▮これ、コピーして
かんたん　ねが
いただけますか。」などと言いますが、大変なことの場合、「ちょっとお願い
　　　　　　　　　　　　　　　　たいへん
があるんだけど」と前置きをし、ためらいがちに「▮できたら車を貸して
　　　　　　　　　　まえお　　　　　　　　　　　　　　　　　　か
ほしいなって思ったんだけど。」「▮打ち合わせを別の日にしていただけると、
　　　　　　　　　　　　　　　　う　あ　　べつ
ありがたいんですが。」などのように言ったりします。一緒に使う表現には、
　　　　　　　　　　　　　　　　　　　　　　　　いっしょ　つか　ひょうげん
「悪いんですが」「申し訳ないんですが」「無理なお願いで申し訳ないんです
わる　　　　　もう　わけ　　　　　む　り　　　ねが　もう　わけ
が」「無理なお願いなのは承知の上でなんですが」「お手数／ご迷惑をおか
　　　む　り　　　ねが　　　しょうち　　　　　　　　　　　てすう　めいわく
けして申し訳ありません」などがあります。
　　　もう　わけ

また、一度お願いをして断られた後にもう一度お願いをするときには、「そこを
　　　　　　　　　　　　ことわ
なんとかお願いします／なんとかお願いできませんか」という表現があります。

《《 次のような場合は、どう言いますか 》》

① 休んでいた授業のノートを友達に借ります。

② ①と同じ友達に、もう一度ノートを借ります。

③ 取引先にアポイントの時間を急に変更してもらいます。

依頼を受ける

例 (1) じゃ、さりげなく、上の方にだしときますね。　　　　　　　　(練 I-① 会社で、上司に)

うん、わかった。
オッケー。
まかしといて。
じゃ、やっとくね。

わかりました。
いいですよ。
じゃ、│ しときます。
　　　│ しておきます。

《《 こんな時、どうしますか 》》

Q 依頼を引き受けるときは「ええ、いいですよ」の他に、何かいい表現がありますか。

A 「かまいません」や「じゃ、~ときます（~ておきます）」と答えることも多いです。上司からの仕事の依頼に対しては、「わかりました」や「喜んで~(さ)せていただきます」と言うこともあります。また、日頃お世話になっている人からの依頼に対して、「~さんのお願いなら喜んでしますよ」などと言ったりします。

依頼内容が自分もやってみたいことだった場合には、「おもしろそう。喜んで」や「わあ、やらせて」、「是非させてください」などの表現が使えるでしょう。

Q 相手が引き受けてくれた時は、なんとお礼を言ったらいいですか。

A 「ありがとうございます」の他に、「助かります」「恩にきます」「無理を言ってすみません」などの表現があります。

《《 次のような場合は、なんとお礼を言いますか 》》

① 留守にするので、大家さんに宅急便を受け取ってもらいます。

② 友達に車を借ります。

依頼を断る
いらい ことわ

 例
（1）金曜日の 10 時ですか。ちょっと、きついっすね。 （練 I-③ 電話で、客に）

うーん、ちょっと。

明日ですか。

ちょっと難しいなあ。
むずか

今日中には、**できないかもしれませんね。**

明日までに、**できるかどうかちょっとわからないんですが。**

時間があったら、**お引き受けするんですが。**
ひ う

《《 **こんな時、どうしますか** 》》

 Q 依頼を断るときに、「できません」「したくないです」と言うのは失礼ですか。
いらい ことわ しつれい

A とても親しい相手でカジュアルな場面では、大丈夫なこともありますが、
あいて ば めん だいじょうぶ
そのような言い方をすると失礼に聞こえる場合があります。そこで、「実
しつれい じつ
は、最近忙しくて」など依頼を受けられない理由を述べて間接的に断った
いそが いらい う の かんせつてき ことわ
り、「難しいかもしれないですね」「ちょっとわからないですね」のように、
むずか
できないかもしれないと言うことが多いです。

《《 **次のような場合は、どう言いますか** 》》
①　家にあるコンピュータを明日貸してほしいと友達に頼まれ、断ります。
ともだち たの
②　日曜日に引っ越しの手伝いをしてほしいと先輩に頼まれ、断ります。
ひ こ せんぱい

 依頼をあきらめる
いらい

 例
（1）でも、いいよ。誰か他の人、探してみるから。 （練 I-④ 電話で、友人に）
ほか さが ゆうじん

じゃ、いいよ。／わかった。

ちょっと、他の人に聞いてみるよ。
ほか

じゃ、他の人に頼んでみます。
ほか たの

なんとかしてみます。

指示する

例

(1) 元気よくあいさつを**する**。ニコニコ笑顔を忘れ**ない**。

(練I-② 店で、店長が従業員に)

(2) 水の節約に**こころがけてください**。 (練I-② 店で、店長が従業員に)

(3) 電子メールでの提出は**しないように**お願いします。 (練I-⑤ 教室で、教師が学生に)

このプレゼン、明日までに**できる？**

この書類、今日中に作って**もらえるかなあ**。

遅れるときは電話**する**。

遅刻し**ない**。

遅れるときは電話**するように**。

遅刻し**ないように**。

A4 で提出**してください**。

期限に遅れ**ないようにしてください**。

ここでは、静かに話す**ようにお願いします**。

お座り**ください**。

ご説明**ください**。

《《こんな時、どうしますか》》

Q 指示の表現は、どんなときに使いますか。

A 指示の表現は、上司が部下に、または、教師が学生に、しなければならないことを伝える場合に使います。しかし、目上の者が目下に対して指示をするときに、「これ、明日までにお願いできますか」「今日中に、仕上げてくれない？」などの依頼の表現を使うこともあります。逆に言えば、上司と部下、教師と学生など上下関係がはっきりしている場合には、依頼表現を使っていても指示の意味になるというわけです。

《《 次のような場合、どちらの表現が適切ですか。 》》

① 面接で、面接官が： (a)どうぞお座りください。

　　　　　　　　　　　 (b)座ってくださいませんか。

② 学生が教師に： (c)よくわからなかったので、もう一度説明してもらえませんか。

　　　　　　　　　 (d)よくわからなかったので、もう一度ご説明ください。

（答えは下）

ロールプレイ

① ◉55 を聞いて、話の続きをペアで作ってみましょう。

② ◉57 を聞いて、話の続きをペアで作ってみましょう。

③ こんな時、どのように言いますか。

代わりにアルバイトに行ってほしいと友達に頼みます。断る場合と引き受ける場合を考えてください。

会社の上司に理由をつけて、プレゼンの日程を変えてもらいたいと頼みます。だめな場合といい場合を考えてください。

こたえ

① a

② c

6 「予約しておいたはずなんですけど」
よやく

― 文句 ―
もんく

ホテルやレストランで文句を言ったことがありますか。その時、何と言いましたか。
もんく

こんなとき、どう言いますか。

話している人が不満に思っている、または、文句を言っているものに✓を書いてください。
ふまん　　　　　　　　　　　　　　もんく

① ア)（　　）どうして、電話を｜してくれないんですか。
　 イ)（　　）　　　　　　　｜しないんですか。

② ア)（　　）飲み物は、オレンジジュース｜ですか。
　 イ)（　　）　　　　　　　　　　　　｜だけなんですか。

③ ア)（　　）日曜日、1時間｜友達を待ちました。
　　　　　　　　　　　　　ともだち
　 イ)（　　）　　　　　　｜友達に待たされました。

④ ア)（　　）母に手紙を｜読んでもらいました。
　 イ)（　　）　　　　｜読まれました。

⑤ ア)（　　）このシャツ、昨日買ったんですが、｜破れているんですけど。
　　　　　　　　　　　　　きのう　　　　　　　　やぶ
　 イ)（　　）　　　　　　　　　　　　　　　　｜破っちゃったんです。

⑥ ア)（　　）明日までに、これ、｜直してくれないと困るんですよ。
　　　　　　　　　　　　　　　　なお　　　　　　　こま
　 イ)（　　）　　　　　　　　　｜直してくれますか。

⑦ ア)（　　）今週の宿題、3ページ｜もあるんですよ。
　　　　　　　　　しゅくだい
　 イ)（　　）　　　　　　　　　｜あるんですよ。
　 ウ)（　　）　　　　　　　　　｜しかないんですよ。

聞き取り練習 Ⅰ

【問題1】 スキットを聞いて、(1)誰と誰が、(2)何について話しているか、下から当てはまる
ものを選んでください。

	(1)誰と誰が	(2)何について
①		
②		
③		
④		
⑤		
⑥		

(1) 誰と誰が話していますか。

　　ア．上司と部下

　　イ．友人同士

　　ウ．チケットカウンターの係と客

　　エ．駅員と乗客

　　オ．ホテルのフロントと宿泊客

　　カ．夫婦

(2) 何について話していますか。

　　a．飛行機に乗り遅れる

　　b．フロントに問い合わせる

　　c．新幹線が遅れている

　　d．財布を盗まれた

　　e．シャワーのお湯が出ない

　　f．チケットを受け取る

▶▶▶一度聞いて、わからなかった人は、次の言葉を確認してからもう一度聞きましょう。

①	いったい	事情	ちゃんと	特急	到着駅	払い戻し
②	ウエストポーチ		内ポケット	スリ	うわさ	届ける

　　　　不幸中の幸い

　② ウエストポーチ　　内ポケット　　スリ　　うわさ　　届ける

　　　不幸中の幸い

　③ 洗面所　　お湯の出が悪い

　④ リムジンバス　　俺

　⑤ 免税店　　搭乗　　機内

　⑥ 引き換え　　控え　　仮　　発行する

【問題２】 もう一度スキットを聞いて、どんなことについて文句を言ったのか、聞き取り、メモしてください。また、その文句は解決されたかどうか、選んでください。

	（1）どんなことについて文句を言ったのか	（2）解決されたかどうか
①		○・×・？
②		○・×・？
③		○・×・？
④		○・×・？
⑤		○・×・？
⑥		○・×・？

【問題３】 もう一度、スキットを聞いて、正しい内容を選んでください。

① 新幹線を　a. 1時間　も待っている。理由は　d. わからない　らしい。
　　　　　　b. 2時間　　　　　　　　　　　 e. 脱線したから
　　　　　　c. 3時間

　　新幹線が来るのは　f. 2、3時間後　で、特急料金は　h. 始発駅　で払い戻される。
　　　　　　　　　　　g. 4、5時間後　　　　　　　　　　i. 到着駅

② 美術館で　a. ポケット　に入れていた　c. クレジットカード　がなくなった。
　　　　　　b. ウエストポーチ　　　　　　d. 財布

　　二人は、警察に　e. 届ける　ことにした。
　　　　　　　　　　f. 届けない

③ a. 洗面所の水道　からお湯が出ない。　c. 昨日　そのことをフロントに電話したが、まだ
　 b. シャワー　　　　　　　　　　　　　 d. 今朝

　　直っていない。そこで　e. 別の部屋　に泊まることになった。
　　　　　　　　　　　　　f. 別のホテル

④ 友達に　a. リムジンバスの予約を　頼んだが、友達は　c. 英語ができない　ので、
　　　　　b. バスの時刻を調べるように　　　　　　　　d. 病気になった

　するのを嫌がった。

⑤ もうすぐ　a. 搭乗　　　　　の時間なので急いだ方がいいが、部長はどうしても
　　　　　　b. チェックイン

　　c. おみやげだけは買いたい　　と言っている。
　　d. トイレだけには行きたい

⑥ 客はチケットを　a. 買い　　　に行ったが、　c. 午前中は　それができない。
　　　　　　　　　b. 引き替え　　　　　　　　　d. 電話では

そこで、店員は代わりに　e. 同じチケット　を発行した。
　　　　　　　　　　　　f. 仮のチケット

【問題4】 もう一度CDを聞いて、どのような表現を使って文句を言ったのか書いてください。また、スキットの表現以外にどんな適切な表現があるか、クラスで話し合ってみましょう。

問い1 64　問い3 68　問い5 70
問い2 66　問い4 69　問い6 72

	どのように言いましたか	同じような相手と場面で他にどんな言い方がありますか
①		
②		
③		
④		
⑤		
⑥		

聞き取り練習　Ⅱ

スキット1 ⓒ 73　スキット2 ⓒ 74　スキット3 ⓒ 75

　あるレストランでの出来事について、1. 男性客、2. ウェイター、3. 出来事を見ていた女性客が、知り合いに話をしています。それぞれの話を聞いて、質問に答えてください。

【問題1】　それぞれの人は、誰に対して怒っていますか。

	誰に対して怒っているのか
①男性客	
②ウェイター	
③女性客	

▶▶▶**一度聞いて、わからなかった人は、次の言葉を確認してからもう一度聞きましょう。**

①	わざわざ	子連れ	生ぬるい	にこりとする	さっさと	応対
②	細かい	いちいち	予約席	態度		
③	タカビーな	にらむ	台無し			

【問題2】　それぞれの人は、何について怒っているのか、書いてください。

①男性客	②ウェイター	③女性客

【問題3】　それぞれの人がどうするべきだと、話している人は思っていますか。クラスで話し合いましょう。

 ポイントリスニング

ポイントリスニング ⓒ 76

質問していますか。それとも文句を言っていますか。✔を書いてください。

	①	②	③	④	⑤	⑥	⑦	⑧
質問								
文句								

重 要 表 現

 文句を言う

例

(1) 新幹線、**いったい**いつになったら、来る**んだ**。 （練Ⅰ-① 駅員に）

(2) **だから、**財布はちゃんと背広の内側かウエストポーチの中に入れておいてっ

て、言ってた**のに。** （練Ⅰ-② 夫に）

(3) まだ直ってない**っていうのは、どういうことなんですか。** （練Ⅰ-③ フロントに）

(4) もうそんな時間、1分もありません**って。** （練Ⅰ-⑤ 上司に）

(5) 買い物なら機内ででもできる**じゃないですか。** （練Ⅰ-⑤ 上司に）

ちゃんと説明してくれないと、わからない**じゃない。**

どうして、昨日来てくれなかった**の？**

こんなに遅くまで、**いったい**どこへ行ってた**んだ。**

いつになったら返してくれる**わけ？**

だから、忘れないようにメモしてって言った**のに。**

休むんだったら、前もって言っといて**ほしかったんだけどなあ。**※1

クリーニングに出して汚れる**っていうのはどういうことなんですか。**

いったい、いつ返してくださる**んですか。**

キャンセルの場合は、早くご連絡いただけないと困る**じゃないですか。**

もうこれ以上待てません**って。**

最近、ピアノを始められた**んですか。**※2

《《こんな時、どうしますか》》

> **Q** 文句を言うときに、直接的に言っても大丈夫ですか。

> **A** 日本語では、親しい間柄を除いては、相手に直接的に文句を言うことは少ないです。上の表現は強く聞こえるので気をつけましょう。強く聞こえないようにするには、※1のように自分の希望を言う、※2のように普通に質問をして相手に気づいてもらう、という方法があります。また、「ちょっと音楽の音が…」「アパートの前に止めてある車なんですけど…」と最後まで言わないで、相手に気づいてもらう方法もあります。イントネーションがとても大切なので、CDを注意して聞いてください。

▼言い方に気をつけましょう。CD を聞いて、確認しましょう。　◉77

① A：言ってくれないとわからないじゃない。　　②A：自分の部屋ぐらい掃除できないの。
　　B：ごめん。　　　　　　　　　　　　　　　　　　B：わかってるって。

《《 次のような場合は、どう言いますか 》》

① 　友達に貸した CD を早く返してほしい
　　　　　a）少し不満に思っていることを伝えたい場合 ⟶ b）それでも返してくれない場合

例）こないだ貸した CD なんだけど、他の
　　友達が貸してほしいって言ってるの。

② 　レストランで注文したピザがなかなか来ない
　　　　　a）まず催促するとき　　　　　　　　　　　b）何度催促しても来ない場合

例）あの、まだピザが来ないんですが。

 謝る

 例
(1) 申し訳ございません。トンネルで何かあったらしくて。　　　　（練I-① 乗客に）
(2) ご不便をおかけして、まことに申し訳ございません。　　　　　（練I-③ 客に）

ごめんね。

ごめんごめん。

悪かったね。

連絡しなくて、ごめんね。

本当にごめんね。これから気をつけるから。

ご迷惑をおかけして、│ すみません。

│ すみませんでした。

このようなことになって、本当に申し訳ないと思っています。

《《 こんな時、どうしますか 》》

 Q 簡単に謝る場合と、深く謝る場合では、表現が違いますか。

 A 小さな問題について、友達に軽く謝る時は、「ごめんごめん」や「悪い悪い」などの言い方がありますが、大きな問題の場合、「連絡しなくて、本当にごめんね」「これからしないようにするから」のように、何について謝っているか、これからどうするかについて、詳しく言います。仕事に関することの場合は、できるだけ丁寧な表現を使います。また、顔をうつむけたりする他に、顔の表情や声の調子に気をつけることも大切です。

なかなか謝らずに長く理由を言うと、「言い訳がましい、誠意がない」と思われることもあります。

 言い訳する

 例

(1) でも、俺ほんと英語だめな**んだって**。　　　　　　　　　　(練 I-④ 友人に)

朝、目覚ましが鳴らなかった**んだ**。
留守電、聞いてなかった**んだって**。
だって、返したと思っていた**んだもん**。
そのこと、田中さんも知ってる**って**思ってたから。

あの、朝、目覚まし時計がならなかった**んです**。
実は、連絡をいただいていたのを聞いていません**でして**。
すでにご連絡さしあげた**と思っていたものですから**。

《《 次のような場合は、どう言いますか 》》

① **斉藤さんは中村さんと会う約束をすっかり忘れていた**
　中村：もしもし、斉藤さん、今どこ？　大学のバス停に1時だったよね？
　斉藤：ああ、ごめん！＿＿＿＿＿＿＿＿＿＿＿＿＿＿＿＿＿＿。

② **今日締め切りの仕事がまだ半分しかできていない**
　木村：あの、係長。
　係長：ん、なに？
　木村：あの、実は、＿＿＿＿＿＿＿＿＿＿＿＿＿＿＿＿＿＿＿。

行為を要求する

例

① こういうときは、ちゃんと説明してもらわないと困るんだよ。 （練Ⅰ-① 駅員に）

② とにかく、できるだけ早く頼むよ。 （練Ⅰ-① 駅員に）

③ 時間ぐらい聞いてきてくれてもいいじゃん。 （練Ⅰ-④ 友人に）

④ せっかく海外旅行してるんだから、自分でやらないと意味ないじゃん。（練Ⅰ-④ 友人に）

⑤ 今日からしばらく出張がつまってるし、今もらえないと、困るんだけどね。 （練Ⅰ-⑥ 店員に）

 早く返してほしいんだけど。

来ないんだったら、連絡してくれないと、困るんだけど。

どうしてできないのか、ちゃんと説明してくれてもいいんじゃない？

 できるだけ早めにご連絡いただけませんか。

今すぐもらえないと、困るんですが。

こちらとしては、できるだけ早く送っていただけると助かるんですが。

《こんな時、どうしますか》

Q 上の は、依頼の表現が多いですが、文句を言うときに、どうして依頼表現を使うのですか。

A 目上の人や、仕事の関係者と話す場合、あまりはっきりと文句を言うと、失礼に聞こえる場合があります。そこで、「このようにしてくれると自分が助かるので、そうしてほしい」と頼むことによって間接的に文句を伝える場合が多いです。

《次のような場合は、どう言いますか》

① **友達の鈴木さんに映画の DVD を貸すのを忘れた**

鈴木：DVD、持ってきてくれた？

宮本：あっ、忘れた！

鈴木：またあ。＿＿＿＿＿＿＿＿＿＿＿＿＿＿＿＿＿＿＿。

宮本：ごめんね。明日必ず持ってくるから。

② **クリーニング店で、今日できているはずのスーツがまだできていない**

客 ：これ、お願いします。（伝票を出す）

店員：はい。…あの、申し訳ございません。まだできてないようなんですが。

客 ：＿＿＿＿＿＿＿＿＿＿＿＿＿＿＿＿＿＿＿。

店員：申し訳ございません。あと２、３時間後にはお渡しできるようにいたします。

でき次第、すぐお電話させていただきますので。

ロールプレイ

① ⑥67 を聞いて、話の続きをペアで作ってみましょう。

② ⑥71 を聞いて、話の続きをペアで作ってみましょう。

③ こんな時、どのように言いますか。

> ホテルに置いておいた大切な書類が捨てられてしまっていました。ホテルのフロントに電話をかけてください。

> ルームメイトはおもしろくていい人なんですが、部屋の掃除を全くしません。それに台所を使った後も、フライパンや食器を片づけません。

7 「中華のほうがいいんじゃない？」－ 提案 －
ちゅうか　　　　　　　　　　　　　　　　　　　　　　ていあん

晩ごはんを一緒に食べに行くことになりました。どこで食べるか提案する時に、相手が、
ばん　　　　　　いっしょ　　　　　　　　　　　　　　　ていあん
先生と友達の場合で、言い方をどのように変えますか。

こんなとき、どういいますか

① 次は、するように言っているのか、しないように言っているのか、どちらですか。

ア）a. (　　) やっぱりみんなに意見、聞かないと。
　　　　　　　　　　い けん
　　b. (　　) みんなの意見を聞かなくてもいいんじゃない。

イ）a. (　　) 日曜日にミーティングしてもねえ。
　　b. (　　) ミーティング、日曜日にしたら？

ウ）a. (　　) 日曜日にミーティングをするのは、どうかと思うけど。
　　b. (　　) ミーティング、日曜日にしたほうがいいんじゃない？

エ）a. (　　) レストラン、中華にしたほうがいいよ。
　　　　　　　　　　　　ちゅう か
　　b. (　　) レストラン、中華は、どうかなあ。

② どちらのほうが、強い提案ですか。
　　　　　　　　　　　ていあん

ア）a. (　　) ホームページを作るのはどうかなあ。
　　b. (　　) ホームページを作らなきゃ。

イ）a. (　　) 冬は温泉のほうがいいでしょうねえ。
　　　　　　　　おんせん
　　b. (　　) やっぱり、冬は温泉ですよ。

ウ）a. (　　) ゼミの打ち上げ、居酒屋にしようよ。
　　　　　　　う あ　　　　いざかや
　　b. (　　) ゼミの打ち上げ、居酒屋にする？　中華にする？

聞き取り練習 Ⅰ

スキット1	🎧 78	スキット3	🎧 81	スキット5	🎧 84
スキット2	🎧 79	スキット4	🎧 83		

【問題1】 スキットを聞いて、(1)誰と誰が、(2)何について話しているか、下から当てはまる
ものを選んでください。

	(1)誰と誰が	(2)何について
①		
②		
③		
④		
⑤		

(1) 誰と誰が話していますか。

 ア．夫婦
 イ．上司と部下
 ウ．近所の人同士
 エ．先輩と後輩

(2) 何について話していますか。

 a．商品開発
 b．道が危ないこと
 c．食事の場所
 d．出店場所
 e．夏休みの過ごし方

▶▶▶ **一度聞いて、わからなかった人は、次の言葉を確認してからもう一度聞きましょう。**

①	田舎	自然に触れる	たくましい	積極的な		
②	鋭い	冷や汗	上出来	打ち上げコンパ	エスニック	定番
③	企画会議	売り上げ	消費者	商品モニター	ターゲット	生の声	具体的な
④	取り柄	歩道	通学路			
⑤	有力候補	競合する	ターゲット	客層	コスト	抑える	魅力
	運送コスト	出足が鈍い	検討する			

【問題2】 もう一度スキットを聞いて、どんな提案をしているのか聞き取り、メモをしてく
ださい。また、話し相手はその提案に対して、賛成、反対、保留のどれなのか選
んでください。

	(1)どんな提案	(2)提案への返答
①		賛成・反対・保留
②		賛成・反対・保留
③		賛成・反対・保留
④		賛成・反対・保留
⑤		賛成・反対・保留

【問題 3】 もう一度、スキットを聞いて、正しい内容を選んでください。

① 男の人は、子どもをホームステイさせようと思っているが、それは、

　　a. 子どもにとっていい思い出になる　と思っているからだ。
　　b. 自分がゆっくりできる

　女の人は、　　c. 子どもはたくましいから、大丈夫だ　と思っている。
　　　　　　　　d. 子どもは小さいから、心配だ

　男の人は、　　e. 同僚に　　　ホームステイプログラムについてくわしく聞くことにした。
　　　　　　　　f. 子どもに

② 女の人は、　　a. タイ料理が高いと思っている。
　　　　　　　　b. タイ料理が好きだ。

　先生は、2年前の打ち上げで、　　c. ベトナム料理　　　　　　　をほとんど食べなかった。
　　　　　　　　　　　　　　　　　d. インド料理とベトナム料理

③ 最近、　　a. 女性向けの商品　　　　の売り上げが伸びていない。それで、部下は消費者に
　　　　　　b. 若い消費者のための商品

　　c. 商品についてのアイデアをだしてもらう　提案をした。
　　d. 商品モニターになってもらう

　そして、その案を　　e. 次の会議で話し合う　　　ことになった。
　　　　　　　　　　　f. もう一度課長と話し合う

④ 最近、近所の子どもが　　a. 車にひかれた。　　　　　その道路は　　c. 歩道がない
　　　　　　　　　　　　　b. 車にひかれるところだった。　　　　　　　d. 車のスピードが速い

　ので危ない。そこで、　　e. 二人で　　　　　市役所に行くことにした。
　　　　　　　　　　　　　f. 近所の人と一緒に

⑤ 駅前のいい点は、　　a. コーヒーショップが多くない　こと、　c. 土地が広い　　　ことだと、
　　　　　　　　　　　b. コーヒーショップが多い　　　　　　　d. 土地が高くない

　提案している男の人は思っている。しかし、　　e. 駅前のオフィスビルは空きが多い　と思って
　　　　　　　　　　　　　　　　　　　　　　　f. 駅前のオフィスビルは新しすぎる

　いる人もいる。

70

【問題4】 もう一度、CDを聞いて、どのような表現で提案をしたのか、書いてください。
また、スキットの表現以外にどんな適切な表現があるか、クラスで話し合ってみ
ましょう。

| 問い1 🎧 78 | 問い3 🎧 82 | 問い5 🎧 84 |
| 問い2 🎧 80 | 問い4 🎧 83 | |

	どのように言いましたか	同じような相手と場面で 他にどんな言い方がありますか
①		
②		
③		
④		
⑤		

聞き取り練習　Ⅱ

| スキット1 🎧 85 | スキット2 🎧 86 | スキット3 🎧 87 |

【問題1】 環境のために会社でできることについて、どんな提案がありましたか。

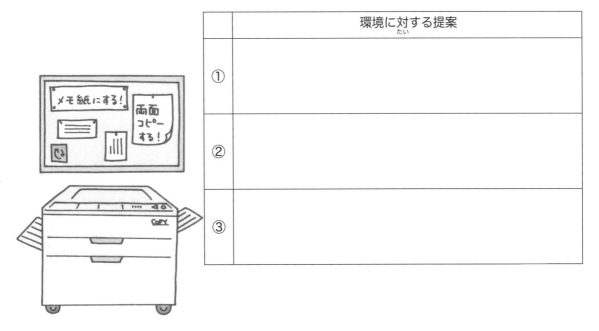

	環境に対する提案
①	
②	
③	

一度聞いて、わからなかった人は、次の言葉を確認してからもう一度聞きましょう。
いちど　　　　　　　　　　　　　　　　　　　　つぎ　ことば　かくにん

①	消費量 しょうひりょう	裏紙 うらがみ	ごちゃまぜ	評判 ひょうばん
②	コーヒーサーバー	流し なが	ひんしゅくを買う か	意識 いしき
③	海岸 かいがん	ボツになる	宣伝効果 せんでんこうか	

【問題 2】 その提案は、実際に実行されていますか。また、提案に対して会社の人はどんな
　　　　　　ていあん　　　じっさい　じっこう　　　　　　　　　　ていあん　たい
反応をしていますか。
はんのう

	実行されたかどうか	会社の人の反応
①	○・×	
②	○・×	
③	○・×	

【問題 3】 話をしている人は、その提案についてどのように思っていますか。クラスで話し
　　　　　　　　　　　　　　　　ていあん
合ってみましょう。

ポイントリスニング

ポイントリスニング C 88

提案をしているのか、提案に対する意見を述べているのか、選んで✔を書いてください。
ていあん　　　　　　　たい　　　　　の　　　　　　　　えら

	①	②	③	④	⑤	⑥	⑦	⑧
提案をしている								
提案に対する意見								

重 要 表 現

 提案を述べる
ていあん　　の

例

(1) 健を田舎で過ごさせようかなって思ってるんだけど。　　　　　　　（練I-① 妻に）
　　 たけし　いなか　す　　　　　　　　　　　　　　　　　　　　　　　　　　　つま

(2) あそこ、けっこういいと思うんですけど。先輩どうですかねえ。（練I-② 大学の先輩に）
　　　　　　　　　　　　　　　　　　　　　せんぱい　　　　　　　　　　せんぱい

(3) ターゲットになる OL に集まってもらって、アイデアを出してもらうような場
　　　　　　　　　　　　　　 あつ
　　を作ったらどうかと考えているんですが、いかがでしょうか。　　　（練I-③ 上司に）
　　　　　　　　　　　　　　　　　　　　　　　　　　　　　　　　　　　　じょうし

(4) 大崎の駅前が有力候補として挙げられるのではないかと考えております。
　　 おおさき　えきまえ　ゆうりょくこうほ　　あ
　　　　　　　　　　　　　　　　　　　　　　　　　（練I-⑤ 会社の会議で、出席者に）
　　　　　　　　　　　　　　　　　　　　　　　　　　　　　　かい ぎ　しゅっせきしゃ

打ち上げ、5時**にする？**　6時**にする？**
う
打ち上げは5時から │ **ってのは？**
　　　　　　　　　　 │ **っていうのは？**

待ち合わせは現地に**したら？**
　　　　　　 げんち
メキシコ料理**とか。**

もう一度みんなで会うのは、**どうかなって** │ **思ってんだけど。**
　　　　　　　　　　　　　　　　　　　　 │ **思ってさ。**

ここで決めずに、課長に相談して**からでもいいかなって。**
　　　き　　　　かちょう　そうだん

来週の火曜日**っていうのはどうでしょう。**

みんなが集まってから始め**たほうがいい**かもしれないですね。
　　　　　 あつ
詳しい市場調査をし**たほうがいい**と思いますが、いかがでしょうか。
くわ　 しじょうちょうさ
次の店は、駅の構内がいい**のではないか**と考えています。
　　　　　 えき　こうない

《《 こんな時、どうしますか 》》

Q 提案するとき、質問の表現が多いのはどうしてですか。
　 ていあん　　　しつもん

A 質問の形式を使うと、相手の意見を聞くことができ、みんなで一緒に話し合
　 しつもん　けいしき　　　　　　あいて　い けん　き　　　　　　　　　　　　いっしょ
　 いをしているという雰囲気が作れます。また、相手の意見を聞くことができ
　　　　　　　　　　　 ふんいき
　 るので、一人で強引に決めるやり方よりも、みんなの合意が得られやすくな
　　　　　　　　 ごういん　き　　　　　　　　　　　　　　 ごうい　え
　 ります。「5時**にする？** 6時**にする？**」のようにいくつか選択肢を出して質
　　　　　　　　　　　　　　　　　　　　　　　　　　　　 せんたくし
　 問することもあります。

みんなに納得してもらえるような提案をするには、どう言ったらいいですか？

 提案の理由をいくつか挙げるといいでしょう。聞き取り練習Ⅰスキット2では、「あそこだったらいろいろメニューもそろってる<u>し</u>、石井先生も好きだって言ってた<u>し。</u>」という言い方がありました。また「6時に<u>する</u>？ 人が集まりやすそう<u>だから。</u>」のように、質問を投げかけた後に提案の理由を述べるという方法もあります。

《 次のような場合は、どう言いますか 》

① 友達に一緒に見る映画について提案する

友達 ：ねえ、次の映画、どれ見るか調べた？

あなた：例) いいのがいっぱいあって。ドラマっぽいのがいい？ それか、アクションがいい？
私は、アクション好きなんだけど。

② 会議で短期アルバイトの雇用を提案する

同僚 ：コスト削減の案ですけど、Bさんはどう考えてますか。

あなた：例) あ、はい。今、うちの会社は95%が正社員ですけど、他の会社と比べてこれはやはり、多いと思うんです。それで、短期アルバイトを雇うっていうのはどうでしょうか。コスト削減になりますし、最近は、やる気のあるまじめなバイトさんも見つけやすいですし。

提案に賛成する

(1) はい、わかりました。　　　　　　　　　　　　　　　　　　（ 練Ⅰ-③ 先輩に）

(2) あ、それいいですね。　　　　　　　　　　　　　　　　　　（ 練Ⅰ-④ 近所の人に）

家族旅行か。久しぶりに、海外に行って**もいいね**。
それ、いいんじゃない。
私は、問題ないと思うけど。

わかりました。
じゃ、予約入れておきます。※¹
いいですね。じゃ、それでいきましょうか。
それで、いいんじゃないでしょうか。

《《 こんな時、どうしますか 》》

Q 目上の人の出した提案に賛成するときに、「それはいい考えですね」や「それでいいですよ」と言ったら、そういう言い方は失礼だと言われました。どうしてですか。

A そうですね。目上の人には、「いいですね」や「おもしろいですね」のような評価や感想をあまり言いません。※1のように次に自分がする行動を述べたり（「予約入れておきます」）、「わかりました」と言うことが多いです。また、「それでいきましょうか」や「それでいいんじゃないでしょうか」などは、話し合いの場でよく使われる表現ですが、これらの表現は、「（その案、）いいですね」や「（その意見、）おもしろいですね」と同じように、目上の人に対して使わないので、気をつけましょう。目上の人の提案に賛成する場合、「私もいいと思います」などの表現を用います。

《《 次のような場合は、どう言いますか 》》

① **店長に賛成する**

店長　：電気の節約のために、使用しない部屋のエアコンは消しておくっていうのを考えているんですけど。

従業員：＿＿＿＿＿＿＿＿＿＿＿＿＿＿＿＿＿＿＿＿＿＿＿＿＿＿＿＿＿＿＿＿＿＿

② **会議の場で同僚に賛成する**

同僚　：今度のプレゼンには、社長もお呼びして、意見を聞いてもらうっていうのは、どうでしょうか。

あなた：＿＿＿＿＿＿＿＿＿＿＿＿＿＿＿＿＿＿＿＿＿＿＿＿＿＿＿＿＿＿＿＿＿＿

提案に反対する

例

(1) でも、まだちっちゃいし、大丈夫かな。　　　　　　　　　（練I-① 夫に）

(2) ま、生の声を聞くのは大事だと思いますけど、どうやってデータを集めるかがポイントになるんじゃないのかなあ。　　　（練I-③ 部下に）

(3) でも、大崎って、今出してるうちのショップからはちょっと遠いでしょ。運送コストがかかるんじゃないの？　　　　（練I-⑤ 会社の会議で、部下に）

ええ？　そんなの、おもしろくない**んじゃない**。

それって、あんまりよくない**かも**。

それより、居酒屋の**ほうがいい**かなあ。

ううん、もうちょっと考えさせて。※1

それは、ちょっと難しい**かもしれない**ですよ。

そうですね。でも、全員参加ってなんだか、難しそうですね。

でも、それって、ちょっと、 | 高くつくんじゃないですか。

| 高くつきますよね。

ううん、でも、予算のこともありますしね。

ホームページを作るっていう方法も考えられるんじゃないでしょうか。※2

ううん、もう少し検討させてもらえますか。／ませんか。※3

もう少し、お時間いただけますか。／ませんか。※4

《《こんな時、どうしますか 》》

> **Q** 強く言わないで、提案に反対だと伝える方法はありますか。

> **A** そういう場合、その提案が無理だという事情を説明する方法があります（例：「でも、それはちょっと高すぎて買う人が少ないかもしれませんね」）。
> また、※2のように代案を述べる方法もあります。その他、※1、※3、※4のようにその場ではっきり答えないこともあります。

> **Q** じゃ、※1、※3、※4のように「時間をください」や「考えます」と言われた時は、その提案が実現される可能性はないんですか。

> **A** 可能性がないわけでなありませんが、低いと考えていいでしょう。はっきりだめだと言うかわりに、このような言い方をする場合があるからです。

《《次のような場合は、どう言いますか 》》

① **友達に反対する**

友達　：道路が混むから、出発はできるだけ早いほうがいいと思うんだけど。朝の5時とか。

あなた：＿＿＿＿＿＿＿＿＿＿＿＿＿＿＿＿＿＿＿＿＿＿＿＿＿＿＿

② **フォーマルな場面で反対する**

同僚　：今度のプレゼンには、社長もお呼びして、意見を聞いてもらうっていうのは、どうでしょうか。

あなた：＿＿＿＿＿＿＿＿＿＿＿＿＿＿＿＿＿＿＿＿＿＿＿＿＿＿＿

 **ロールプレイ**

① ●79 を聞いて、話の続きをペアで作ってみましょう。

② ●81 を聞いて、話の続きをペアで作ってみましょう。

③ こんな時、どのように言いますか。

友達_{ともだち}と一緒_{いっしょ}にビデオを見たいと思っています。どんなビデオを、いつ、どこで見るのか決_きめましょう。

アルバイト先でミーティングをします。今日の議題_{ぎ だい}は、経費削減_{けい ひ さくげん}の方法_{ほうほう}についてです。同僚_{どうりょう}と話し合って、経費削減の方法を考えてください。

8 「給料は悪くないんだけどね」 ー 感想 ー

きゅうりょう　わる　　　　　　　　　　　　かんそう

> 仕事やアルバイトに満足していますか、不満な点がありますか。
> まんぞく　　　　　　　　　　　ふまん　てん

こんなとき、どう言いますか。

① 満足しているのか、していないのか、どちらですか。
まんぞく

ア）a.（　）地方勤務にさせられたんだ。
　　　　ちほうきんむ
　　b.（　）地方勤務になっちゃったんだ。

イ）a.（　）うちの会社のいいとこって給料だけなんだよね。
　　　　　　　　　　　　　　きゅうりょう
　　b.（　）うちの会社、何もいいとこないんだよね。

ウ）a.（　）もっと休みがほしいなあ。
　　b.（　）休みが多いの、ありがたいなあって思うよ。

② 後悔しているのか、していないのか、どちらですか。
こうかい

ア）a.（　）直接、文句なんか、言わなきゃよかったなあ。
　　　　ちょくせつ　もんく
　　b.（　）直接、文句なんか、言わなくてよかった。

イ）a.（　）Ａ社に入って、本当によかったのかなあ。
　　　　　　しゃ
　　b.（　）Ａ社に入ってたら、本当によかったんだけどなあ。

ウ）a.（　）あの時、病院に行っといてよかったよ。
　　　　　　　びょういん
　　b.（　）あの時、病院に行ったほうがよかったかもしんない。

エ）a.（　）どうして、あの時、転職しなかったんだろう。
　　　　　　　　　　　てんしょく
　　b.（　）あの時、転職してたらなあ。

78

聞き取り練習　Ⅰ

| スキット1 | 89 | スキット3 | 92 | スキット5 | 95 |
| スキット2 | 91 | スキット4 | 94 | | |

【問題1】 スキットを聞いて、(1)誰と誰が、(2)何について話しているか、下から当てはまる
ものを選んでください。

	(1)誰と誰が	(2)何について
①		
②		
③		
④		
⑤		

(1) 誰と誰が話していますか。

　　ア．夫婦
　　イ．上司と部下／先輩と後輩
　　ウ．恋人同士
　　エ．友人同士

(2) 何について話していますか。

　　a. 今の仕事の内容
　　b. 定職がないこと
　　c. 転職したこと
　　d. 会社の同僚のこと

▶▶▶**一度聞いて、わからなかった人は、次の言葉を確認してからもう一度聞きましょう。**

①	内心	えらそう	愚痴	不景気	正解	決心する
②	でっかい	気楽な	フリーター	定職に就く	(仕事を)ける	
③	営業	人事	威張る	頭(を)下げる	ノルマ	製薬会社　残業
④	おやじ	昇進する	(仕事を)ふる	まいる	交渉	
⑤	お茶くみ	年金	融通が利く	感謝する	王子様	

【問題2】 もう一度スキットを聞いて、それぞれの人が今の仕事のどんな点について満足し
ているのか、どんな点を不満に思っているのか聞き取り、メモしてください。

	誰が	(1)今の仕事のどんな点について	(2)どんな気持ち
①	ルミ子		満足・不満
②	女性		満足・不満
③	部下の男性		満足・不満
④	奥さん		満足・不満
⑤	二人		満足・不満

【問題3】 もう一度、スキットを聞いて、正しい内容を選んでください。

① ルミ子の以前の職場は　　a. 上司がルミ子のことをよく怒った。
　　　　　　　　　　　　　　b. 上司がよくなくて、ボーナスもなかった。

　　ルミ子の今の職場は　　c. お給料がいい　　ので、気に入っている。
　　　　　　　　　　　　　d. 人間関係がいい

② 男の人が疲れているのは　　a. 引っ越しの仕事　だったからだ。女の人は男の人と一緒に住み
　　　　　　　　　　　　　　b. 今朝も仕事

　　たいが、男の人が　　c. 定職につくまで　　　　一緒に住むのは無理だと思っている。
　　　　　　　　　　　d. CD屋の店長になるまで

③ 木村さんは　　a. 人事から営業に　　変わった。今の仕事は大変なこともあるが、
　　　　　　　　b. 営業から人事に

　　　c. ノルマはない。
　　　d. 残業は多くない。

④ a. 同僚の女性　　が課長に昇進したことに、奥さんは腹を立てている。それは、奥さんが
　　b. 同期の山田君

　　c. 事務の仕事だけ　　　　している からだ。
　　d. 事務だけでなく営業も

　　男の人は、女の人が会社を　　e. 変え　　たらいいと思っている。
　　　　　　　　　　　　　　　　f. やめ

⑤ 二人の今の仕事は　　a. フリーター　　　　で、　　c. 給料が安い。
　　　　　　　　　　　b. コピーとお茶くみ　　　　d. 自由がある。

　　女の人が会社に感謝しているのは　　e. 恋人に出会えた　　からだ。
　　　　　　　　　　　　　　　　　　　f. 年金がもらえる

80

【問題4】 もう一度 CD を聞いて、どのような表現を使ってそれぞれの感想を述べている
のか、書いてください。また、スキットの表現以外にどんな適切な表現があるか、
クラスで話し合ってみましょう。

| 問い1 | 🎧 90 | 問い3 | 🎧 93 | 問い5 | 🎧 95 |
| 問い2 | 🎧 91 | 問い4 | 🎧 94 |

		どのように言いましたか	同じような相手と場面で 他にどんな言い方がありますか
①	ルミ子の前の上司と 前の仕事について		
②	男の人の 昨日の仕事について		
③	部下の男性の 今の仕事について		
④	女の人の同僚と 今の仕事について		
⑤	二人の 今の仕事について		

聞き取り練習 Ⅱ

| スキット1 | 🎧 96 | スキット2 | 🎧 97 | スキット3 | 🎧 98 |

【問題1】 会社や仕事について話しています。スキットを聞いて、どんな場面で話をしてい
るのか、考えてください。

	話の場面
①	
②	
③	

81

一度聞いて、わからなかった人は、次の言葉を確認してからもう一度聞きましょう。

①	応募 おうぼ	業績 ぎょうせき	挑戦 ちょうせん	やりがい	御社 おんしゃ
②	美術 びじゅつ	建築科 けんちくか	設計 せっけい	注文住宅 ちゅうもんじゅうたく	斬新な ざんしん
③	紳士服 しんしふく	扱う あつか	配属する はいぞく	社風 しゃふう	業種 ぎょうしゅ

【問題2】 自分が今までしていた仕事や勉強についてどんな感想を持っていますか。

		感　想
①	今までしていた仕事	
②	大学生活 せいかつ	
③	現在の仕事 げんざい	

【問題3】 あなたがこの話を聞いている人だったら、この話を聞いてどうしますか。
クラスで話し合ってみましょう。

ポイントリスニング

ポイントリスニング 🎧 99

今の自分の状況について話しています。現状に満足していますか、不満な点がありますか。
じょうきょう　　　　　　　　　　　　げんじょう　まんぞく　　　　　　　　ふまん　てん
✓を書いてください。

	①	②	③	④	⑤	⑥	⑦	⑧
満足								
不満								

重 要 表 現

状況について満足していることを述べる
じょうきょう　　　　　　　まんぞく　　　　　　　　　　　の

 (1) みんな親切にしてくれるし、人間関係は**文句なし**ってとこかな。（練 I-① 友人に）
しんせつ　　　　　　　にんげんかんけい　　もんく　　　　　　　　　　　　　　　　　　ゆうじん

(2) 大変っちゃ大変なんですけど、ノルマが**あるわけじゃないですし**。（練 I-③上司に）
たいへん　　　　　　　　　　　　　　　　　　　　　　　　　　　　　じょうし

うちはけっこう、休みが多い**ほうかな**。

給料には、**文句なし**ってとこかな。
きゅうりょう　　もんく

職場の雰囲気は、**言うことないよ**。
しょくば　　ふんいき

上司には、とっても**恵まれてる**なって思うよ。
じょうし　　　　　　　めぐ

みんなが親切にしてくれて、**うれしいです**。
しんせつ

みんなやさしくて、**ありがたい**なって思います。

ここで働けて、**よかった**って思ってます。
はたら

みなさんに**よくしていただいています**。

《 こんな時、どうしますか 》

> **Q** 完全に満足しているわけではないけれど、それほど不満も感じていないときにはど
> かんぜん　まんぞく　　　　　　　　　　　　　　　　　ふまん　　かん
> う言いますか。

> **A** 例(2)「大変っちゃ（＝といえば）、大変なんだけど、ノルマがあるわけじゃ
> たいへん　　　　　　　　　　たいへん
> ないですし」のような言い方があります。他には、「残業もあるにはある
> ほか　　　　　ざんぎょう
> んだけど、そんなに頻繁じゃないから」のような言い方もあります。
> ひんぱん

自分がしたことについて満足していることを述べる
まんぞく　　　　　　　　　　の

今回の私のプレゼン、**よかった**って思わない？

まじめに勉強しといて、**よかった**。

ちゃんと準備しといて、**正解だった**かなって。
じゅんび　　　　せいかい

ええ、私なりに、**がんばった**つもりです。

ええ、今回の発表は、**けっこううまくできた**んじゃないかなって思うんですけど。
はっぴょう

《《 こんな時、どうしますか 》》

 自分のしたことについて満足していると言う場合、注意することはどんなことですか。

 特に、話し相手が目上の人の場合、自分から言うと、自慢しているように聞こえてしまう場合があります。ですから、目上の人がほめてくれたときに初めて、自分も満足していることを伝えたほうがいいでしょう。他には、謙遜の表現（「いや、まだまだです」）を使って、返答することもできます。また、自分からあえて言う場合は、相手に同意を求めたり（「がんばったって思わない？」）、和らげた言い方（「今回は、よかったかな／かも。」）をしたりします。

《《 次のような場合は、どう言いますか 》》

① 友達と先生について話す

── とても満足しているとき ──

A：英会話、先生かわったんだよね。

B：例）うん。けっこう明るい先生で、授業がおもしろくなったし、いい感じ。

── まあまあ満足しているとき ──

A：英会話、先生かわったんだよね。

B：＿＿＿＿＿＿＿＿＿＿＿＿＿＿。

② 友達と仕事について話す

── とても満足しているとき ──

A：Bさん、会社かわって一ヶ月だよね？　調子どう？

B：例）職場もいい雰囲気だし、会社かわってよかったよ。

── まあまあ満足しているとき ──

A：Bさん、会社かわって一ヶ月だよね？　調子どう？

B：＿＿＿＿＿＿＿＿＿＿＿＿＿＿。

③ 上司と仕事について話す

── とても満足しているとき ──

上司：山田さん、最近営業の成績上がってるね。

山田：＿＿＿＿＿＿＿＿＿＿＿＿＿。

── まあまあ満足しているとき ──

上司：山田さん、最近営業の成績上がってるね。

山田：＿＿＿＿＿＿＿＿＿＿＿＿＿。

不満を述べる
ふまん

 例
(1) 仕事できないくせに、えらそうにしてるし。 （練I-① 友人に）
ゆうじん

(2) 彼には、ほんと、まいってるのよ。 （練I-④ 夫に）
おっと

(3) 私のほうが山田君より仕事できるのにさ、女だからってずっと昇進もないし、
しょうしん

ほんとに腹が立つ。 （練I-④ 夫に）
はら

 今の仕事、**きつい**んだよね。

あの人、仕事できない | **のに、** | いばってる**んだよね。**
| **くせに、** |

うちの部長って、| **最悪** | なんだよね。
ぶちょう 　さいあく
| **最低** |
さいてい

残業 **さえ**なければ、最高の職場なん**だけど。**
ざんぎょう 　　　　　　　 さいこう しょくば

 残業 **だけは**、多くない**んですけどね。**
ざんぎょう

山田さん**には**、ちょっと、| **困ってる** | **んです。**
　　　　　　　　　　　　　 こま
| **まいってる** |

給料**には**、| **文句はない** | **んですけどね。**
きゅうりょう 　 もんく
| **満足してる** |
まんぞく

《《 こんな時、どうしますか 》》

 Q 相手に対してあまりはっきり不満を言いたくないときには、どう言えばいいですか。
あいて たい 　　　　　　　　 ふまん

A そういう場合には、「給料はいいんですけどね」のように、いいと思って
　　　　　　　　　　きゅうりょう
いる点についてだけ述べます。それによって、他のことは満足していない
てん の 　　　　　　　　　　 ほか 　　まんぞく
ことを暗に伝えることができるからです。
あん つた

《《 次のような場合は、どう言いますか 》》

① 友達に今住んでいるところのあまりよくない点について話します。
ともだち 　　　　　　　　　　　　　　　　 てん

② あまり親しくない同僚にアルバイト先の上司についての不満を話します。
した どうりょう 　　　　 さき じょうし 　　　ふまん

③ 友達に昨日見た映画のあまりよくなかった点について話します。
きのう

例

(1) 俺も続けるべきだったかなあって思ってはいるんだけどさ。　　（練I-② 恋人に）
おれ　　　　　　　　　　　　　　　　　　　　　　　　　　　　　　こいびと

(2) こんなんだったら、就職しなかったほうがよかったかもしんない。（練I-⑤ 後輩に）
しゅうしょく　　　　　　　　　　　　　　　　　　　　　　　　　こうはい

もっと勉強し**とけば**よかったんだけど。

もっと早く話をし**とくべきだった**なあ。

言わなかった**ほうがよかった**かもしんない。

あの時、行かなかった**のは、** ｜ まずかった**かなあ。**

　　　　　　　　　　　　　　　 ｜ 失敗だった**かなあ。**
　　　　　　　　　　　　　　　　　　しっぱい

事前にお聞き**すれば**よかったのかなあと思います。
じぜん

もっと早くお話する**べきだった** ｜ **んですが。**

　　　　　　　　　　　　　　　 ｜ **と思っているんです。**

あの時は、**よく考えていなかった**と思います。

《 こんな時、どうしますか 》

 上の表現は自分の行為についてですが、相手のおこなった行為について、非難した
　　　 ひょうげん　　　　　　こうい　　　　　　　　　　　　　　　　　　　　ひなん
り、否定的な意見を述べる場合には、何と言いますか。
　　 ひていてき　　　　 の

A 「あの仕事、続ければよかった**のに。**」（聞き取り練習Iスキット2）や、「続
　　　　　　　　　 つづ
けり**ゃよかった**んじゃないかなあ」「続ける**べきでしたよね。**」「続ける**べき**
だったと思いますよ。」などの言い方があります。

 ロールプレイ

① ◖89を聞いて、話の続きをペアで作ってみましょう。
　　　　　　　 つづ

② ◖92を聞いて、話の続きをペアで作ってみましょう。
　　　　　　　 つづ

③ こんな時、どのように言いますか。

同じ職場の人（先生、友達など）につい しょくば ともだち て、親しい友達に愚痴を言ってみましょ した ぐち う。

あなたがしている仕事（行っている美容 びよう 院や歯医者、スポーツジムなど）につ いん はいしゃ いて、それに興味を持っている人から、 きょうみ も 感想を聞かれました。あなたの感想を話 かんそう してください。ただし、その人とはあま り親しくありません。 した

あとがき

この本の執筆分担は以下のとおりです。
    椙本総子　第2課、第5課、第7課、第8課
    宮谷敦美　前書き、第1課、第3課、第4課、第6課

ただし、著者二人の話し合いをもとに各分担者がそれぞれの課の原案を作り、討議を経て原案を修正加筆し、最終原稿にいたりました。

単語訳は次の方々によるものです。
    中国語訳　　　　黄麗華さん
    韓国語訳　　　　金秀英さん
    英語訳　　　　　小室リー郁子さん、Peter Lee さん
    ポルトガル語訳　Flavio Takao Kozaki さん

本書が完成するまでには、実際に授業で使用し、何度も改訂を加えるという手順を取りました。授業で有益なフィードバックをくださった学生の方々、日本語教師の立場から本書に丁寧に目を通して貴重なコメントをくださいました黒野敦子さんにお礼申し上げます。岐阜大学留学生センターの橋本慎吾さんにはスクリプトについてアドバイスをいただきました。また、著者二人がこれまで日本語教育に携わる中で出てきた学生さん達からの質問や、日本語教師の方々との話し合いから得られたアイデアが、本書の出発点であり、完成への原動力となっています。一人一人のお名前をあげることはできませんが、この場をお借りして感謝を申し上げます。

最後になりましたが、くろしお出版の福西敏宏さん、市川麻里子さん、CD編集をしてくださいました小崎高男さんには、著者のわがまま要望を最大限取り入れてくださったことに感謝しております。声優の新井隆さん、梅野友子さん、生島陽子さん、山平貴雄さんのおかげで、「生中継」らしい会話場面を作ることができました。どうもありがとうございました。

椙本総子・宮谷敦美

Acknowledgement

This work was supported in part by Sun and Star Japanese Studies Faculty Fellowship from The Tower Center, Southern Methodist University (Dallas, Texas, U.S.A.).

Fusako Sugimoto, Atsumi Miyatani

◆ 著者紹介 ◆

椙本　総子（すぎもと　ふさこ）（ボイクマン　総子）

大阪外国語大学大学院言語社会研究科博士後期課程修了、博士（言語・文化学）

現在、東京大学 大学院総合文化研究科 准教授

著書に、『聞いて覚える話し方 日本語生中継 初中級編1』、『聞いて覚える話し方 日本語生中継 初中級編1 教室活動のヒント＆タスク』、『聞いて覚える話し方 日本語生中継 初中級編2』、『聞いて覚える話し方 日本語生中継 初中級編2 教室活動のヒント＆タスク』『聞いて覚える話し方 日本語生中継 中上級編 教師用マニュアル』（くろしお出版・共著）、『ストーリーで覚える漢字300』『ストーリーで覚える漢字301-500』（くろしお出版・共著）、『わたしのにほんご』（くろしお出版・共著）、『生きた素材で学ぶ　新・中級から上級への日本語』（The Japan Times・共著）がある。

宮谷　敦美（みやたに　あつみ）

大阪外国語大学大学院外国語学研究科日本語学専攻修了、修士（言語・文化学）

現在、愛知県立大学外国語学部 教授

著書に、『聞いて覚える話し方 日本語生中継 初中級編1』、『聞いて覚える話し方 日本語生中継 初中級編1 教室活動のヒント＆タスク』、『聞いて覚える話し方 日本語生中継 初中級編2』、『聞いて覚える話し方 日本語生中継 初中級編2 教室活動のヒント＆タスク』『聞いて覚える話し方 日本語生中継 中上級編 教師用マニュアル』（くろしお出版・共著）、『生きた素材で学ぶ中級から上級への日本語』（The Japan Times・共著）がある。

聞いて覚える話し方

日本語生中継・中〜上級編　◆　著者　椙本総子・宮谷敦美

Speaking Skills Learned through Listening Japanese "Live"
Upper Intermediate & Advanced Level

2004 年 2 月 25 日　（第 1 刷発行）
2017 年 9 月 29 日　（第 11 刷発行）

発行人　　岡野秀夫

発行　　　くろしお出版
　　　　　〒113-0033
　　　　　東京都文京区本郷 3-21-10
　　　　　TEL　　（03）-5684-3389
　　　　　FAX　　（03）-5684-4762
　　　　　e-mail　kurosio@9640.jp
　　　　　web　　http://www.9640.jp

印刷　　　シナノ書籍印刷

翻訳者　　黄麗華　（中国語）
　　　　　金秀英　（韓国語）
　　　　　Flavio Takao Kozaki　（ポルトガル語）
　　　　　Peter Lee　（英語）
　　　　　小室リー郁子　（英語）

装丁イラスト　アサモ
組み・装丁　　市川麻里子

ISBN978-4-87424-300-8　C2081

聞いて覚える話し方 日本語生中継 初中級編 1　ボイクマン 総子・宮谷 敦美・小室リー郁子【共著】

日常よく接する場面での会話聞き取り能力を高め、同時に話す能力を身につけることを目的とした教材。リアルな日常会話を再現した音声 CD で臨場感を味わいながら「聞いて話す」能力を養う。初級の文法を勉強したのに使い方がわからない、自然に会話ができないという学習者の悩みを解消。英語・中国語・韓国語・ポルトガル語の語彙訳付き。日本語能力試験 N3、N4 レベル。

貸してもらう／予定を変更する／レストランで／旅行の感想／買い物／アルバイトを探す／ほめられて／交通手段／ゆずります／マンション

- 定価= 1,800 円+税
- B5判 96頁（別冊 60頁）
- CD 2枚付き
ISBN 978-4-87424-339-8

聞いて覚える話し方 日本語生中継 初中級編 1　教室活動のヒント＆タスク　教師用　ボイクマン 総子・宮谷 敦美・小室リー郁子【共著】

『日本語生中継 初中級編１』を教室でより効果的に使用できるように作成された教師用指導書。本冊を用いた授業の進め方の丁寧な解説と様々なタスク例を提案。配って使える練習シート(総ルビ)付き。

- 定価= 1,200 円+税
- B5判 146頁
ISBN 978-4-87424-359-6

聞いて覚える話し方 日本語生中継 初中級編 2　ボイクマン 総子・宮谷 敦美・小室リー郁子【共著】

『日本語生中継 初中級編』の第２弾。場面と機能のバリエーションを増やした。リアルな日常会話を再現した音声 CD で臨場感を味わいながら「聞いて話す」能力を養う。初級の文法を勉強したのに使い方がわからない、自然に会話ができないという学習者の悩みを解消。英語・中国語・韓国語・ポルトガル語の語彙訳付き。日本語能力試験 N3、N4 レベル。

出会い／ホテルで／うわさ／機械のトラブル／失敗／電話をかける／健康のために／駅で／趣味／抱負

- 定価= 1,800 円+税
- B5判 96頁（別冊 60頁）
- CD 2枚付き
ISBN 978-4-87424-370-1

聞いて覚える話し方 日本語生中継 初中級編 2　教室活動のヒント＆タスク　教師用　ボイクマン 総子・宮谷 敦美・小室リー郁子【共著】

『日本語生中継 初中級編2』を教室でより効果的に使用できるように作成された教師用指導書。本冊を用いた授業の進め方の丁寧な解説と様々なタスク例を提案。配って使える練習シート(総ルビ)付き。

- 定価= 1,200 円+税
- B5判 186頁
ISBN 978-4-87424-392-3

聞いて覚える話し方 日本語生中継 中〜上級編　椙本総子・宮谷 敦美【共著】

日常よく接する場面での会話聞き取り能力を高め、同時に話す能力を身につけることを目的とした教材。リアルな日常会話を再現した音声 CD で臨場感を味わいながら「聞いて話す」能力を養う。上級レベルだが日本人と自然に会話ができないという学習者の悩みを解消。英語・中国語・韓国語・ポルトガル語の語彙訳付き。日本語能力試験 N2, N3 レベル。

- 定価= 2,200 円+税
- B5判 96頁（別冊 52頁）
- CD 付き
ISBN 978-4-87424-300-8

聞いて覚える話し方 日本語生中継 中〜上級編　教師用マニュアル　教師用　椙本総子・宮谷 敦美【共著】

各課の指導のポイント、課で学習する内容、聞き取り練習の前に、聞き取り練習のポイント、ロールプレイをどうすべきなど、『日本語生中継 中〜上級編』の利用を詳しく解説した教師用指導書。

- 定価= 800 円+税
- B5判 80頁
ISBN 978-4-87424-299-5

シャドーイング 日本語を話そう
就職・アルバイト・進学面接編

斎藤仁志・深澤道子・酒井理恵子・中村雅子【共著】

［英語・中国語・韓国語版］［インドネシア語・タイ語・ベトナム語版］

『シャドーイング日本語を話そう』シリーズの面接対策編。就職面接から進学、アルバイトまで様々な面接会話を徹底的にシミュレーション。就職面接で最も重要な自己PRと志望動機を重点的にトレーニングできる。面接時の注意点やよく使うフレーズなど、すぐに実践で使えるアドバイスも満載。6ヶ国語の完全翻訳付で自習にも最適。

● 定価＝ 1,800 円＋税
● A5判 176頁
● 音声 CD 2 枚付き
ISBN 9784874246771
ISBN 9784874247198

シャドーイング 日本語を話そう　中～上級編

斎藤仁志・深澤道子・酒井理恵子・中村雅子・吉本惠子【共著】

［英語・中国語・韓国語版］
［インドネシア語・タイ語・ベトナム語版］

初の日本語シャドーイング教材の中～上級編。日常会話を繰り返し聞き声に出すことで、日常生活の様々な場面においてすぐに使える表現を身につけられる。対人関係によって分類された会話スクリプトで、家族、友人、他人、恋人同士の会話からビジネスシーンまで、多様な場面での複雑な会話に対応。6ヶ国語の完全翻訳付で自習にも最適。

● 定価＝ 1,800 円＋税
● A5判 168頁
● 音声 CD 2 枚付き
ISBN 978-4-87424-495-1
ISBN 9784874244951

シャドーイング 日本語を話そう　初～中級編

斎藤仁志・吉本惠子・深澤道子・小野田知子・酒井理恵子【共著】

［英語・中国語・韓国語版］
［インドネシア語・タイ語・ベトナム語版］

シャドーイング（音を声聞きながらすぐに声に出して練習する言語習得法）を取り入れた初の日本語学習者向け会話練習教材。リアルな日常会話を聞きながら、繰り返しつぶやくことで、日本語が自然に身につく。話してみたいフレーズが満載で初級から楽しんで使える。1日10分程度、授業にシャドーイングを取り入れることで、「わかるけど話せない」を「話せる」に。6ヶ国語の完全翻訳付で自習にも最適。

● 定価＝ 1,400 円＋税
● A5判 144頁
● 音声 CD 付き
ISBN 978-4-87424-354-1
ISBN 9784874246252

ストーリーで覚える漢字300

ボイクマン総子・渡辺陽子・倉持和菜【共著】 高橋秀雄【監修】

英語・韓国語・ポルトガル語・スペイン語訳版
英語・インドネシア語・タイ語・ベトナム語訳版

初級の学習漢字300全ての字形と意味を、オリジナルストーリー（イラスト付き）で覚えたあとに、読み・書き練習を導入することで、短期間で楽しく効果的に漢字学習ができると提案した、画期的な初級漢字学習教材。練習問題も熟語の意味推測やローマ字入力への対応など従来の教材にない練習を提案している。本文全てに翻訳付きで、自習にも最適。日本語能力試験のN5～N4相当の漢字にも対応。

● 定価＝ 1,800 円＋税
● B5判 320頁(別冊 24頁)
ISBN 978-4-87424-402-9
　　　　（英・韓・ポ・ス版）
　　　978-4-87424-428-9
　　　　（英・イ・タ・ベ版）

ストーリーで覚える漢字301-500

英語・韓国語・ポルトガル語・スペイン語訳版
英語・インドネシア語・タイ語・ベトナム語訳版

ボイクマン総子・渡辺陽子・倉持和菜【共著】 高橋秀雄【監修】

『ストーリーで覚える漢字300』の続編で初級の500漢字を網羅。初～中級200漢字の字形と意味をオリジナルストーリー（イラスト付き）で覚えた後に、読み書き練習をすることで、楽しく短期間に漢字学習ができる。日本語能力試験N3、N2の漢字に対応。英語・韓国語・ポルトガル語・スペイン語訳付きで自習にも最適。

● 定価＝ 1,800 円＋税
● B5判 248頁(別冊 16頁)
ISBN 978-4-87424-481-4
　　　　（英・韓・ポ・ス版）
　　　978-4-87424-561-3
　　　　（英・イ・タ・ベ版）

くろしお出版　http://www.9640.jp
03-5684-3389 / 03-5684-4762